글로벌 매너

비즈니스맨이 갖추어야 할 공용어

차례
Contents

왜 국제매너인가?

21세기의 특징

지금 우리가 살고 있는 21세기의 가장 큰 특징은 '교통과 통신의 발달' 그리고 그것들이 만들어낸 생활의 변화라고 할 수 있다. 1755년 포르투갈의 수도 리스본에서 아주 큰 지진이 일어났을 때, 그 소식이 바로 코앞에 있는 유럽에 알려지는 데 몇 달씩이나 걸렸다고 한다. 그러나 지금은 CNN 같은 방송매체가 지진이 일어난 거의 같은 시간대에 사건을 생중계할 것이다. 2001년 9월 11일에 일어난 뉴욕 테러사건에서 보았듯이, 매스컴의 발달과 인터넷의 보급으로 세계의 이모저모를 마음만 먹으면 언제든지 알 수 있는 시대가 온 것이다. 또한 인터넷이라는 매체를 통하여 쇼핑을 하고, 거의 실시간으로

의사소통을 하며 게임을 즐기기도 하고, 청소년에서부터 노인에 이르기까지 누구나 휴대폰을 가지고 다니면서 거리에서도 대화를 주고받고 문자를 보낸다. 사람들은 호적에 있는 이름말고도 ID라는 전자이름을 몇 개씩 가지고 있으며, 먹고 자고 쉬는 집 외에도 '홈페이지'라는 가상의 집을 하나씩 가지고 있다. 이러한 변화는 다음과 같은 세 가지 측면에서 우리가 살고 있는 21세기를 다른 세기와 구별하게 해준다.

첫째, 21세기는 정보사회이다. '지구촌'이 하나의 정보망으로 연결되어 자유롭게 정보를 교환할 수 있는 정보사회가 나날이 가속화되고 있다. 미국의 저명한 언론인 토머스 프리드먼은 "냉전체제의 상징이 '장벽(wall)'이라면, 정보사회는 '망(web)'의 체제이다."라고 요약한 바 있다. 다르게 말하면 과거 냉전 체제의 특징이 이념을 바탕으로 한 '분단' 또는 '대립'이었다면, 현재의 지식·정보 사회는 통신 네트워크를 기반으로 한 '통합'의 시대라 할 수 있을 것이다. 지난 20세기의 '산업사회'와 현재 21세기의 '정보사회'는 여러 가지 측면에서 다르다. 산업사회에서는 여러 사람이 뭉쳐서 남들이 하는 대로 일벌레처럼 열심히 일만 하면 되었다. 그러나 21세기는 새로운 생산 방식을 요구한다. 지적 상품을 만들어 내는 정보 생산의 시대가 되면서, 소비자들의 다양한 욕구에 따라 다품종 소량 생산이 요구되고 있다. 예를 들면, 수만 명의 노동자들이 생산해 내는 자동차보다도 몇몇 사람이 아이디어를 짜내어 만든 소프트웨어나 잘 만든 영화 한 편이 수십 배의 높은 가치를 창출해 내는 시대인 것이다. 이 시대에 필요한 것은 창의력, 창조성, 독창성이다. 정보화 시대는 의식주와 관련된 모든 면에서 공급이 수요를 초과하면서 시작되었다. 그 이유는 산업사회의 기계화 덕분에 생산성이 높아졌기 때문이며, 이로 인해 소비자는 자신의 개성을 찾기 시작한다. 대량(mass)의 시대가 가고 개인(personal)의 시대, 즉 창의성과 개성만이 살아남을 수 있는 시대가 온 것이다.

이러한 정보사회에서는 산업사회와 달리 경쟁보다는 협력, 다시 말하면 서로가 이기는 윈-윈 전략이 요구된다. 이어령 교수는 정보사회의 특징을 '널뛰기'에 비유하였다.[1] 널뛰기는 단순한 놀이로 즐길 수도 있지만, 원래는 상대를 널에서 떨어뜨려야 이기는 경쟁의 성격이 짙은 놀이이다. 상대를 떨어뜨리기 위해서는 내가 먼저 높이 올라가 힘껏 뛰어야 한다. 그러나 내가 높이 오르기 위해서는 상대방을 높이 올려줘야 한다. 그래야 그 힘으로 나도 높이 오를 수 있게 되고, 그러자면 상대방의 리듬과 타이밍을 잘 맞춰야 한다. 널 위에 있는 두 사람은 '경쟁자인 동시에 협력자'가 될 수밖에 없다. 이런 것이 정보 사회에 필요한 자세이다. 과거 산업사회에서는 한 사람이 이기면 상대는 질 수밖에 없어 둘을 합치면 언제나 제로가 된다는 제로섬zero sum의 논리가 통했다.

그러나 정보 시대의 가장 귀중한 재산이라는 정보는 다른 사람과 공유할 때 더 큰 부가가치를 가진다. 매우 재미난 예가 있다. 비디오 기기 개발 초기에 일본 소니 사의 베타멕스 방식과 마쓰시다 회사의 VHS 방식이 경쟁을 하였다. 기술적으로 보면 소니의 베타멕스 방식이 음향이나 영상의 재현 측면에서 훨씬 더 뛰어났지만, 베타멕스 방식은 요즈음 보기 힘들어졌다. 우리 가정에서 일반적으로 사용하고 있는 비디오 방식은 모두 VHS 방식이며, VHS 방식이 사실상 표준으로 자리 잡았다고 할 수 있다. 그 이유는 소니가 자신의 뛰어난 기술을 바탕으로 비디오 산업을 독점하고자 이 기술을 공개하지 않았던 반면에, 마쓰시다는 VHS 기술을 여러 경쟁협력업체와 공유했기 때문이라고 한다. 이는 새로운 시대의 정보사회에 네트워크와 공유가 얼마나 중요한지를 잘 보여주는 사례이다.

둘째, 21세기는 민족 국가의 종말과 함께 옛 개념의 국경이 무너지고 지구가 하나가 되는 '글로벌 시대', 즉 '지구촌 시대'이다. 지구촌 시대란 지구 전체가 하나의 촌락처럼 되었음을 뜻하는 말이다. 교통과 통신의 발달로 서로 왕래가 빈번해지고 자주 만나다 보니 서로서로 영향을 주고받게 된 것이다. 17세기에 네덜란드인 벨테브레가 외국인으로서 최초로 한국에 들어온 지 400년이 못된 지금은 한국에 거주하는 외국인의 수가 거의 400만 명 이상에 이른다고 한다. 그만큼 우리의 생각과 태도도 글로벌화되어야 한다. 다시 말해, 지금 우리에게는 세계적 표준인 '글로벌 스탠더드'가 필요하다.

'글로벌 스탠더드'를 가지는 것이 왜 중요한지를 보여주는 좋은 예가 있다. '대영Daeyoung'이라는 상표의 한 대한민국 자전거 회사가 영어권 국가에 진출하여 사업에 실패하였다고 한다. 영어권에서의 실패 원인은 '대영'을 영어로 발음하면 '다이 영Die young', 즉 '요절'이 되었기 때문이라고 한다. '대영'이라는 상표가 한국에서는 통하지만, 영어권에서는 '왠지 이 자전거를 타면 일찍 죽을 것 같다.'는 이미지로 인식된 것이다. 그래서 상표도 글로벌적인 마인드로 지어야 할 필요가 있다.

셋째, 국가나 사회 등 조직으로부터 해체된 개인의 욕망이 우선되는 사회가 가속화되면서, 그리고 거대한 자본이 국경을 마음대로 넘나들면서 '무한경쟁의 시대'가 되고 있다. 그야말로 아무런 장벽이나 시차도 없이 지구가 하나의 거대한 '지구촌'으로 변하고 있다. 지구화(globalization)도 이젠 옛말이다. 지금은 지구촌(globality)시대이다. 이것은 조직이 무너지고 개인이 모든 문제를 해결해야 하는 시대가 가속화된다는 말이다. 자크 아탈리는 이를 '신유목민 시대'라 말했는데, 이는 개인이 자본과 새로운 기회를 찾아 어디든지 가야 한다는 뜻이다.

세계 시민의 조건

그러면 이러한 세계 시민으로서 '무한경쟁의 시대'를 어떻게 잘 살아갈 수 있을까? 그 길은 다음과 같은 세 가지 능력의 균형을 잘 이루는 데 있다.

머리에서 나오는 전문 능력

우선 외국어 구사 능력을 들 수 있다. 유창하게 외국어를 말하지 못한다 하더라도 기본적인 의사소통은 할 수 있어야 한다. 컴퓨터 사용법 등 정보 활용 능력도 중요하다. 그리고 그러한 능력에 각자가 하고 있는 일에 대한 전문지식이 덧붙여져야 한다.

유연한 열린 마음

유연하고 열린 마음을 갖기 위해서는 다른 사람들과의 '다름'은 '틀림'이 아니라, 단지 '차이'일 뿐이라는 인식이 필요하다. 그러면서 자신의 감정을 조절할 줄 알고 나아가 다른 사람의 감정을 이해하고 공감하는 능력을 갖춰 높은 EQ(감정지수)를 가진 사람이 되어야 한다. 21세기에는 이런 사람이 성공할 확률이 높을 것이기 때문이다.

문명의 흐름은 손발을 중심으로 한 '힘의 시대', 학벌 위주의 '지식의 힘의 시대'를 거쳐 21세기가 시작된 몇 년 전부터는 '마음의 힘의 시대'로 바뀌는 등 시대에 따라 명백하게 바뀌어 왔다. 가슴이 뜨거우며 타인의 마음을 읽을 줄 알고, 또 타인의 마음을 알기 위해 자신의 마음을 조절할 줄 아는 사람이 성공하는 시대가 시작된 것이다. 요즘 들어 대학 중퇴자가 성공하는 경우도 쉽게 찾을 수 있는 것으로 볼 때, 이전과 달리 무엇인가 바뀐 것은 분명하다. 우리가 컴퓨터를 모르면 '컴맹'이라고 하듯이, 다른 사람의 마음이나 감정을 읽을 줄 모르는 사람을 '감맹'이라고 한다. 이런 '감맹'인 사람은 이 시대를 힘들게 살아갈 것이 불 보듯 뻔하다.

21세기에 들어서자 "우리는 다시 유목민 시대의 한복판에 서게 되었다."고 말하는 사람들이 많다. 유목민들이 풀을 찾아 양떼를 몰았듯이 이제 우리는 우리들의 삶을 담보로 제공할 수 있는 곳이라면 어디든지 가서 생면부지의 사람과 더불어 살아가야 한다. 이렇게 이웃이 늘어나고 사회가 개방되면 생각이나 시야도 그만큼 넓어지고 깊어져야 한다. 예를 들어보자. 우리가 동해(east sea)라고 부르는 것은 한반도를 중심으로 하는 방위 개념이지 보편적인 지역 개념이 아니다. 동해를 '일본해'라고 부르는 일본인들을 탓하기 전에 "우리 생각이 짧았구나!"하는 마음가짐이 필요하다. 그런 의미에서 '동해'를 '조선해'라고 부르자는 이종학 전 독도 박물관 관장의 주장은 일리가 있어 보인다. 서해도 마찬가지이다. 중국인들은 서해를 중국의 황토가 떠내려와 늘 색깔이 누런 바다라고 하여 '황해(yellow sea)'라 부른다.

게다가 우리는 한 해 수십만 대의 자동차를 외국에 내다 팔면서도 외제 자동차를 타고 다니는 사람들의 꼴을 안 보려고 하는데, 이것은 우리의 태도가 경직된 탓이다. 세계와 어깨동무하기 위해 필요한, 열린 마음에서 나오는 새로운 공생윤리가 시급하다. 좀 더 쉽게 예를 들어 말하자면, 자신은 바둑을 두지 못하지만 자기 사무실에 바둑판과 바둑알을 준비하는 사람의 마음처럼, 나와 다른 사람을 받아들이는 것이 공생 윤리의 열린 마음을 갖는 것이다.

손에서 나오는 글로벌 에티켓과 매너

이 부분이 우리의 주된 관심 분야이다. '매너'라는 단어를 사전에서 찾아보면 '방법·방식·태도'란 뜻으로 쓰여 있고, 복수형의 뜻은 '예의범절'로 명시되어 있다. 그 어원은 라틴어 '마누아리우스Manuarius'로, '마누스Manus'라는 단어와 '아리우스Arius'라는 단어의 합성어라고 한다. 'Manus'는 영어의 'Hand', 즉 '사람의 손'이라는 뜻 외에 '사람의 행동·습관' 등의 뜻도 포함하고 있으며, 'Arius'는 '방식·방법'의 의미를 지니고 있다. '매너'라는 단어는 '손'이라는 어원에서 나온 것이지만, '매너'의 뜻은 '사람마다 갖고 있는 독특한 습관이나 몸가짐'이라고 말할 수 있다. 에티켓이 인간관계를 부드럽게 해주는 사회적 불문율로서 형식적인 것이라면, 매너는 에티켓을 일상생활에 자연스럽게 적용하는 방식을 말한다. 그러므로 에티켓이 정해져 있는 틀이라면, 매너는 그 틀을 삶에 적용하는 것이므로 원칙이 다소 유연하다. 그러나 그 속에도 '다른 사람을 배려해야 한다'는 분명한 원칙은 존재한다. 그러므로 '윈-윈'하여야 하는 21세기에 어느 시기보다도 더 중요한 삶의 원칙이 좋은 매너인 것이다. 탈무드에서 읽은 것으로 기억되는 말이 있다. 죽음을 눈앞에 두고 "더 일했어야 했는데……"라고 말하는 사람은 없지만, 모두가 "다른 이들을 좀 더 배려했더라면, 다른 이들을 더 많이 사랑하고 그들에게 더 마음을 써주었어야 했는데……"라고 뒤늦게 깨닫고 후회한다고 한다.

매너는 에티켓과 다르다

우리는 자주 에티켓과 매너라는 말을 혼동하여 사용하고 있다. 이 두 용어의 차이점을 살펴보면, 매너가 무엇을 말하는지 더 구체적으로 이해할 수 있다. 우선 에티켓이란 단어부터 살펴본다.

프랑스어인 에티켓Etiquette은 '예의범절'이라는 뜻 이외에 '명찰'이나 '상표' 또는 '꼬리표'라는 의미도 지니고 있다. 이 에티켓의 유래에 관한 주장으로는 두 가지가 있다. 하나는 17세기 프랑스의 루이 14세가 살던 베르사유Versaille 궁전2)에 출입할 수 있는 귀족들의 출입증인 티켓ticket에서 유래했다는 주장이고, 다른 하나는 베르사유 궁전의 스코틀랜드인 정원사가 정원을 보호하기 위해 통로를 안내하는 푯말을 설치했는데,

이 풋말의 이름을 '에티켓'이라고 불렀다는 데서 나왔다는 것이다. 첫 번째 주장은 당시 귀족들이 에티켓을 통해서 부르주아지와의 신분상의 차이를 나타내고 싶어 했기 때문에, 에티켓이 당시 '귀족 신분'을 나타내는 일종의 꼬리표가 되었다는 것이다. 우리가 상품을 고를 때 에티켓, 즉 상표를 보는 것처럼, 한 사람을 평가하는 데 있어서도 겉으로 드러나는 예절과 친절함, 타인을 배려하는 모습 등이 기준이 되면서 에티켓의 의미는 '예의범절'이 되었다. 두 번째 주장은 단순히 에티켓이라는 말을 '정원 출입금지'라는 뜻뿐만 아니라 다른 사람들의 '마음의 정원'을 해치지 않는다는 뜻으로 넓게 해석하여 '예의범절'이란 의미로 사용되었다는 것이다.

지금도 프랑스어로 'étiquette'은 '예의범절'과 '꼬리표'라는 두 가지 의미로 쓰이고 있지만, 영어에서는 '표'라는 의미의 'étiquette'을 'ticket'으로 바꾸어 쓰고 있다. 그리고 독일어에서는 '꼬리표'를 'etikett', '예의범절'은 'etikette'로 구별해서 사용한다.

프랑스 혁명과 함께 귀족들은 몰락하고 새로운 부르주아지들이 중심세력이 되었다. 이때 베르사유의 '에티켓'은 영국으로 넘어가서 '젠틀맨gentleman'의 기초가 되었다. 프랑스의 '오네뜨 옴honnete homme'(말 그대로 하면 정직한 사람)은 출신 가문이 좋고, 궁정 출입이 허용되고 궁정의 분위기를 잘 아는 사람을 의미하였다. 그러나 영국의 신사에게 있어서는 집안의 가문을 떠나 그 사람의 도덕적, 교양적 수준이 중요시된다. 프랑스 혁명 이후 프랑스를 중심으로 하는 궁정 스타일의 에티켓이 붕괴되고, 런던에서 새로운 에티켓이 꽃을 피우게 된 것이다. 그때가 빅토리아 여왕(1837~1901) 시대였다. 당시 영국은 영토를 세계로 넓혀 국력이 매우 신장한 때였다. 그때 새롭게 형성된 상류사회의 사람들은 자신의 세련된 몸가짐과 고상함을 보여 다른 사람으로부터 존경을 받으려고 에티켓을 만들어 냈다는 것이다.

서양의 예절이 주로 외면적인 측면을 중시해왔다면, 동양의 예법은 내면적 진실성에 더 많은 가치를 두어왔다. 예를 들면 상대방에 대한 고마움을 즉석에서 약간의 돈으로라도 표현하고자 하는 데서 출발하여 팁을 주는 것이 서양의 예절이다. 또한 서양의 가정에서는 부부 사이라도 사랑을 표현하지 않으면 즉시 사랑이 식었다고 생각한다. 그러나 우리나라에서는 모든 것이 마음으로 전달되는 것이라며 사랑의 표현에 인색하다.

그러나 동양에도 매우 엄격한 예법이 존재했고, 그 역사도 서양에 비해 훨씬 더 길다. 서양의 에티켓이 17세기 프랑스에서 시작되었다면, 동양의 예절은 공자로부터 시작되니 서양보다 훨씬 앞서는 것이다. 동양에는 삼강오륜3)이 존재하였으며, '예禮'가 없다면 개인이나 가정은 물론 국가도 바로 설 수 없다고 하였다. 이처럼 동양에서는 사회를 유지하는 가장 기본적인 규칙이 '예'이다. 개인과 개인, 개인과 사회, 개인과 국가 사이에 일정한 규칙이 존재하고, 그 규칙을 지킴으로써 사회가 유지된다고 보는 것이다. 그리고 그 '예'가 타인에 대한 배려와 존중이 실천되는 과정에 꼭 필요한 것이 있는데, 이것을 '경敬'이라고 부른다. 이 '경'이 우리가 말하고 있는 매너이다. 매너로서의 배려와 존중이 스며 있지 않은 '예'는 가식적이고 형식적인 것으로 오해를 받는다. 17세기의 프랑스에서는 좋은 매너를 가진 사람을 '오네뜨 옴', 그 후 영국에서는 '젠틀맨'이라고 불렀듯이, 동양에서는 인간의 기본적인 법도인 '예'와 '경'을 잘 지키는 사람을 '군자'라고 불렀다.

'예'나 '에티켓'이라는 말을 현대적으로 해석하면 그것들은 사회생활에서 필요로 하고 있는 관행과 관습을 형식화하여 지키는 것으로, 이를 통해 사회생활을 원만하게 운영하는 사람은 교양 있는 사람으로 평가받게 된다. 한 마디로 '예'나 '에티켓'은 하나의 사회적 불문율로서의 행동 기준인 것이다. 반면 '매너'는 '에티켓'을 행동으로 나타내는 것이다. 따라서 '에티켓'은 형식이고, '매너'는 방법이다. '인사를 한다'는 것은 에티켓이며, 그 인사를 경망스럽게 하느냐 공손하게 하느냐는 매너의 문제이다. 따라서 아무리 에티켓에 부합하는 행동이라하더라도 매너가 좋지 않으면 품위 있는 사람으로 대접받기는 어려울 것이다.

엄밀한 의미에서 서로 다른 것임에도 불구하고, '에티켓'과 '매너'라는 용어는 '예의'라는 의미로 서로 구분 없이 사용되고 있다. 그러나 우리는 "그 사람은 에티켓이 없어." "그 사람은 매너가 나빠."라고는 하지만 "에티켓이 나쁘다."라고는 말하지 않는다. 또 '매너가 없다'라는 말은 '매너가 나쁘다'라는 말의 잘못된 표현이고, 에티켓은 '있다, 없다'로만 쓰여 예의가 있고 없음을 말하게 된다. 반면 매너는 나쁜 매너, 좋은 매너로 예의를 질적으로 평가하는 말로 쓰이고 있다.

매너는 에티켓과 달리 정해진 복잡한 행동양식을 그대로 따라하는 것이 아닌, 다른 사람들과 더불어 살아가면서 타인을 조금 더 배려하고 칭찬하면서 관심을 표현하는 것이다. 매너는 고급 레스토랑이나 파티 장에서나 필요한 것이 아닌, 우리가 살아가면서 일상생활 속에서 누구나 할 수 있는 것으로 그것이 우리 몸에 배도록 습관화하는 것이 중요하다. 매너를 습관화하는 일은 삭막한 이 사회에 인간미를 불어 넣는 일이다. 다시 말해, 아무리 좋은 매너라도 그 속에 상대방을 존중하는 진실한 마음을 담고 있지 않다면, 그 가치는 반감될 뿐더러 때로는 상대방을 조롱하는 것으로 오해받을 수도 있다. 예를 들면, 우리는 살아가면서 매일 만나는 사람들에게 좀 더 친절하게 대한다. 물론 "스치고 지나가면 언제 만날지 모르는 사람들을 대하는데 무슨 진실한 마음이 필요하겠는가?"라며 반론을 펼칠 수도 있을 것이다. 그러나 사람들은 형식적인 매너나 가식적인 매너를 본능적인 느낌으로 알아챌 수 있으며, 이렇게 시작된 인간관계는 오래 지속되지도 못한다.

돈 많고 권력만 있는 사람보다는 매너가 좋은 사람이 진정한 상류층이다. 아무리 직책이 높고 권력이 많은 사람이라도 다른 사람을 생각해주는 마음, 나로 인하여 타인이 불편하지 않도록 배려해주는 마음이 없다면 그는 진정한 존경을 얻기는 커녕 사람들에게 '왕따'를 당할 것이다. 매너의 기본 정신이 다른 사람을 배려하는 마음에서 우러나오는 것인 만큼, 내 생각을 고집하기 이전에 상대방의 입장을 배려하는 것이 매너의 핵심이다.

매너란 무엇인가

매너는 타인을 배려하는 '역지사지'

앞장에서 본 것과 같이 에티켓과 매너는 다르다. 에티켓이 '인간관계를 원활히 하기 위한 사회적인 불문율로서 하나의 규범'이라면, 매너는 '에티켓의 바르고 적절한 사용'을 의미한다는 점에서 차이가 있다. 예를 들어 우리가 화장실에 들어갈 때 '노크를 해야 한다'는 것은 규범으로서의 에티켓이고, '노크를 어떻게 해야 하느냐'는 것은 매너에 속하는 것이다. 따라서 에티켓만을 가지고 모든 것을 해결할 수는 없다. 에티켓에 맞는 행동이라 해도 매너가 좋지 않으면 그 사람의 행동은 예의를 벗어나게 된다. 그러므로 좋은 매너는 우리를 보다 품격 있는 인간으로 만들어주는 하나의 '틀'이 되는 것이다.

이러한 기본적인 '틀'인 매너의 기본원칙은 다른 사람을 배려하려는 마음으로부터 나오는 것이다. 그러므로 타인을 우선적으로 배려하는 '역지사지易地思之'라고 매너를 정의할 수 있다. 여기서 타인을 배려한다는 것은 첫째, 상대방에게 폐를 끼치지 않고 상대가 편안하도록 만들어 주는 일이고, 둘째는 상대방을 인정하고 존중하는 일이며, 셋째는 상대방과 나와의 차이를 인정하는 일이다. 그런 의미에서 국제매너는 다른 문화에 대한 상대성을 인정하고 배려하는 것으로부터 시작된다 할 수 있다. 넷째는 더 적극적인 방식으로 상대방에게 호감을 사는 일이다. 이것들에 대해 차례로 살펴보자.

첫째, 상대방에게 폐를 끼치지 않고 상대를 편안하게 해준다. "이렇게 하면 상대방이 좋아하고 고마워할 텐데."라고 생각되는 일을 실천에 옮기는 것이다. 이때 요구되는 것은 대단한 것이 아니라, 작은 몸짓 하나 또는 말 한마디에도 상대방이 편안하도록 배려하는 마음을 담는 것이다. 이것이 곧 좋은 매너이다. 여기서 상대방을 편안하게 하는 배려는 격식에 따른 의례적인 행동보다도 언제나 한결같이 몸에 배인 자연스럽고 넉넉한 '마음씀씀이'이다.

둘째, 상대방을 인정하고 존중하는 일은 서로의 입장을 바꿔놓고 생각하면 좀 더 쉽게 할 수 있다. '주는 만큼 받는다'는 말처럼, 타인을 진심으로 존경할 줄 아는 자만이 존경받을 자격이 있다. 그리고 우리 속담에 '가는 말이 고와야 오는 말이 곱다'고 했다. 또한 대부분의 사람들은 자기를 좋아한다고 생각하는 사람을 좋아한다. 다시 말하면, 상대방이 자신을 아껴준다는 느낌을 받으면, 자연스럽게 자신도 그만큼 상대방을 아껴주게 된다. 서양에도 '대접받고 싶은 대로 대접하라'는 속담이 있다. 여기에 덧붙이고 싶은 사실은, 내가 먼저 행동함으로써 상대방은 물론 나에게도 이득이 된다는 것이다.

셋째, 나와 다른 차이를 인정하는 것이다. 다시 말해, 상대가 나와 다르다는 것을 인정하고 받아들여야 한다. 흔히 우리는 상대방이 조금이라도 나와 '다르다'고 생각하면, '이상하다'고 생각하여 차별한다. 프랑스의 한 정원에 있는 푯말에서 본 표현처럼, "타인을 존중하시오. 그리하여 타인으로 하여금 당신을 존중하게 하시오!"라고 생각하는 것이 매너의 원칙이다. 특히 글로벌 시대에 필요한 국제매너는 나라마다 다른 문화와 생활양식을 가지고 있음을 인정하고, 자신의 문화만을 고집하지 않는 것이다.

넷째, 상대방의 호감을 얻으려면 상대방의 마음을 열게 하는 방법이 필요하다. 상대방에게 '내 방식대로 하라'는 강압적인 태도를 취하는 것이 아니라 자기 스스로 마음의 문을 열고 상대에게 다가서야 하는 것이다. 게다가 말이나 자세 및 동작 그리고 용모와 복장처럼 겉으로 드러나는 부분까지 세심하게 신경 쓰는 자기관리가 필요하다. 철저한 자기관리로 상대를 기분 좋게 해주면 당연히 다른 사람들로부터 호감을 살 수 있다. 즉, 내가 상대에게 보여준 배려가 부메랑이 되어 자신에 대한 호감으로 되돌아온다.

종합하면, 좋은 매너는 무엇보다도 먼저 상대를 존중하는 마음과 다른 사람을 배려하려는 마음에서 나온다. 다르게 말하면, 매너는 상대방의 기분과 편리를 생각하는 아름다운 마음에서부터 시작되는 것이다. 이를 위해서는 상대가 나와 다르게 보이는 '다름'은 '틀림'이 아니라 단지 '차이'일 뿐이라는 생각을 갖도록 노력하는 것이 중요하다. 따라서 우리는 매너의 기본정신을 '역지사지'라고 말할 수 있다. 즉, '내가 이렇게 하면 상대방이 어떨지, 상대방의 처지에서 미루어 생각하라'는 말이다. 다시 말하면 매너는 '남의 입장에서 생각하고 남과 나를 동일하게 대우하자'는 상호호혜의 원칙, 서로 승리하는 원칙인 것이다.

'역지사지'로서의 매너에 대한 좋은 예로 '두루미와 여우의 이야기'가 있다. 여우가 두루미를 저녁에 초대했다. 여우는 두루미의 사정은 조금도 배려하지 않고 판판한 접시에 음식을 차렸다. 긴 부리로는 도무지 그 음식들을 먹을 수가 없었던 두루미는 화가 나서 돌아갔고, 며칠 뒤 여우를 초대했다. 두루미는 모가지가 긴 병 속에 음식을 넣어 대접했다. 주둥이가 짧은 여우는 도무지 그 음식들을 먹을 수가 없었다고 한다.

만약 매너가 있는 여우였다면 두루미를 난처하게 하지 않았을 것이고, 매너가 있는 두루미였다면 자신이 받은 것과 같은 스트레스를 안김으로써 여우에게 복수하지 않았을 것이다. '역지사지'란 나만 옳은 게 아니라 다른 사람도 옳을 수 있다는 것을 알고 상대방의 입장을 이해하려는 노력이다. '내가 저런 상황이었다면……'하고 입장을 바꿔 생각해보는 것이다.

요즈음 우리 주변에는 다른 사람들을 전혀 의식하지 않고 사는 사람들이 너무 많다. 이 모든 것들이 매너의 부재 현상이다. 해외여행을 하면서도 마찬가지인데, '나는 남에게 기쁨을 주며 살고 있는가?'라고 자문해보는 사람이 적은 것 같다. 매너는 자신의 행동이나 태도가 다른 사람들에게 미치는 영향이나 그들이 내리는 평가를 염두에 두고 행동하는 것이다. 매너는 '다른 사람의 입장에서 생각하자'는 인간관계의 황금률이다. 18세기 프랑스 작가인 디드로는 "세상에서 가장 행복한 사람은 수많은 타인의 행복을 먼저 생각해 주는 사람이다."라고 했다.

매너는 습관이다

매너는 습관이 되어야 한다. 인간의 마음은 수시로 변하고, 쉽게 잃어버리는 것이 또한 마음이다. 이런 것을 우리는 방심 放心이라고 한다. 습관은 그래서 필요한 것이다. 인사하는 습관, 상대방의 이야기를 진지하게 듣는 습관, 상대방의 입장을 배려할 줄 아는 습관 등 많은 습관들이 모여 그 사람의 인격이 만들어진다. 그래서 '인격은 습관의 총 집합체'라고 말할 수도 있다. 그러나 습관에는 좋은 습관, 즉 '플러스 습관'도 있고 나쁜 습관, 즉 '마이너스 습관'도 있다. 플러스 습관은 우리의 삶을 더 성공적으로 만들어 주지만, 마이너스 습관은 우리의 삶을 더 치명적으로 곪게 만든다.

습관이란 끝없는 반복을 통해서 어떠한 행동이 자신의 일부가 되도록 단련하는 것이다. 이러한 습관이 형성되기까지는 특별한 에너지가 필요하다.『성공하는 한국인의 7가지 습관』에서 조신영은 흥미로운 '습관의 수학'이라는 것을 소개하고 있다. 일반적으로 10-1=9라고 하지만, '습관의 수학'으로는 10-1=0이 된다는 것이다. 즉, "습관이 형성되는 특정 임계 치까지 포기하지 않고 계속 훈련해나가야 '대기권 돌파 현상'을 이루어낼 수 있다."는 것이다. 마치 "인공위성을 탑재한 우주선이 대기권을 돌파하기까지 어마어마한 에너지를 방출해내지만, 대기권 돌파에 성공하면 아주 약한 태양열 에너지로도 자신의 궤도를 충실히 돌며 위성에 필요한 에너지를 자급자족하는 것과 마찬가지다."[4]

분명한 것은 매너 또한 타고나는 것이 아니라는 점이다. 매너는 한순간에 습관화되지 않으므로 자연스럽게 몸에 익혀지도록 평소에 꾸준히 노력하는 것이 중요하다. 매너란 실천을 통한 경험이므로 어려서부터 몸에 익히는 수밖에 없다.

파스칼은『팡세』에서 "습관은 제2의 천성이며, 제1의 천성을 파괴한다."고 말한 바 있다. 습관은 태어날 때부터 가지고 나오는 것이 아니라 태어나면서부터 습득되기 시작하는 것이다. 일반적으로 반복이 적절하면 강조의 효과를, 지나치면 반발이라는 역효과를 낳는다. 습관을 기분 좋게 반복하다 보면 그것이 저절로 숙달되는 것이다. 좋은 매너도 그렇다. 우리는 성찰의 과정을 통해 자신만의 독특한 개성과 매너가 형성되기 전까지는 가족 구성원의 모방과 반복학습을 통해 자신을 구체화시킨다. 그 후에는 매너를 염두에 두고 머리가 굳지 않게, 마음이 차가워지지 않게 늘 문제의식을 가지고 자신이 변화하고자 노력하는 것이다. 이렇게 매너는 실천을 통해서 얻어진다. 그런 의미에서 매너는 사고 중심적이 아니라 행동 중심적이어야 한다. 위에서도 말했던 것처럼, 매너는 실천을 통해서 얻어지는 것이기 때문이다. 교육이 '하면서 배우는 것'이듯이 매너도 말만 앞세우기보다는 행동하고 실천하면서 만들어가는 것이다. "어떻게 하는가?"는 나중에 고민할 문제이다. 진행 상의 서투름과 부족함은 생각을 행동으로 옮기는 실천의 위대함이 보상해준다. 그런 의미에서 우리가 관심을 두고 있는 매너는 '앞선 행동의 변화만을 목적으로 한 태도 교육(Know-how)'보다는 '왜 그렇게 해야 하는가(Know-why)'라는 인식을 바탕으로 한 '인성문제'가 되어야 한다. 매너와 에티켓은 단순한 교양이나 단편적인 행동규범 그 이상의 것이기 때문이다.

한 예로, 서양 아이들이 늘 일상생활 속에서 반복적으로 배우는 매너 중에 PQS라는 것이 있다. "플리즈Please(해주시겠습니까?)."의 P, "땡큐Thank you(감사합니다)."의 Q, 그리고 "쏘리Sorry(미안합니다)."의 S이다. 그리고 일본의 학생들은 '오아시스' 운동을 전개하여 인사의 습관을 몸에 배도록 한다는 소식을 접한 적이 있다. '오아시스'란 인간관계의 기본인 "오하요우 고자이마스(안녕하세요)." "아리가또 고자이마스(감사합니다)." "시쯔레이 시마시따(죄송합니다)." "스미마셍 데시따(실례했습니다)."의 첫 자를 딴 것이다.

우리가 여기서 말하는 매너는 다른 사람을 존중하고 배려하는 일체의 모든 행동을 말한다. 내가 다른 사람들을 배려하면 그들은 나를 좋아하고 신뢰하게 된다. 그런 사람이 내 주위에 많으면, 그들이 나의 후원인(써포터즈)이 되는 것은 당연하다. 마치 '붉은 악마'라는 축구 써포터즈들처럼, 나의 후원인들은 내가 고통 받고 어려울 때 기꺼이 힘과 위로가 되어준다. 매너 속에 '삶을 살 줄 아는 방법(savoir-vivre)'들이 있는 것이다. 부족하지만 내가 가진 것을 다른 사람들에게 주고, 나에게 없는 것을 그들에게서 받아 균형과 조화를 이루는 것이 매너의 정신이다. 비즈니스상의 임기응변적인 처세술이나 달콤한 거짓말 따위가 아니라 다른 사람에 대한 존중과 배려의 마음으로부터 자연스럽게 몸으로 체화되어 나오는 것이 진정한 매너이고 '삶의 예술(art of life)'이다.

이제는 자기 이익만 챙기려는 사람보다는 자신과 상대가 함께 이기려는 사람, 상대를 세심하게 배려하고 최선을 다해 자신이 하는 말을 책임지려는 사람이 성공하는 시대이다. 진심으로 보여주는 상대에 대한 배려와 몸에 밴 매너는 거꾸로 그 사람에 대한 신뢰로 되돌아오기 때문이다. 실패하는 사람들은 상대방에게 호감을 주지 못한다는 데에서 문제점을 찾아야 한다. 매너를 습관화하는 것은 그래서 중요하다.

매너는 경쟁력이다

좋은 매너로 상대방을 배려하면, 그는 나에 대한 호감을 갖게 된다. 나의 것을 다른 사람과 공유하면, 그는 나와 공감하고 나에 대해 더 큰 만족감을 갖게 된다. 이것을 상점에 오는 고객에게 적용하면 '고객감동' 경영학이 된다. 나의 고객이 갖는 만족감은 곧 나의 경쟁력이 된다. 왜냐하면 내 주변에 있는 모든 사람들이 나의 후견인이 될 것이기 때문이다. 내가 기쁘게 해준 타인은 자신을 기쁘게 해준 나를 좋아하게 되고, 그것은 다시 나에게로 되돌아와 더 큰 기쁨이 된다. 따라서 기쁨은 내가 타인에게 먼저 주는 것이다. 이런 식으로 먼저 자신의 주변 사람들을 배려하고 친절을 베풀면, 그들은 모두 나를 필요로 하고, 잠시라도 내가 없으면 아쉬워서 찾을 정도가 될 것이다. 이처럼 좋은 매너는 우리들의 엄청난 경쟁력이 될 수 있다.

미국 컬럼비아 대학의 MBA 과정에 참가한 사람들을 대상으로 "자신이 최고경영자의 지위에 오르기까지 가장 많은 영향을 준 요인이 무엇인가?"라는 질문으로 설문조사를 실시한 결과, '대인관계의 매너'를 지적한 사람이 무려 93%나 되었다는 한 연구조사는 매우 시사적이다. 또한 "상당수의 미국 기업 CEO들은 이미지 컨설턴트를 고용해 세련된 매너와 대화, 복장 등에 대해 개인 컨설턴트를 받으며, 심지어는 성형수술까지도 마다하지 않는 CEO들도 있다."는 미국 비즈니스 잡지인 『포춘*Fortune*』지의 보도도 주목된다.[5]

최근 미국의 컬럼비아 대학에서는 직업적으로 성공한 삶의 성공 비결에 관한 설문조사도 시행한 적이 있었다. 그 조사에 따르면 성공한 사람의 비결이 '기술과 능력'이라고 답한 사람은 15% 미만인 반면, '원만한 인간관계'와 '다른 사람과의 공감 능력'이라고 답한 사람은 85% 이상이었다고 한다. 또한 10년간 행한 연구 결과에 따르면, 직장을 잃은 사람들의 해고원인 중 95% 이상이 업무수행능력의 부족이 아닌 인간관계 때문이었다고 한다.

뿐만 아니라 실제로 취업을 위한 면접에서 호감 가는 말씨와 대화, 복장이나 자세 등의 매너가 실력 이상으로 중요할 뿐더러, 때로는 그렇게 형성된 이미지가 결과에 결정적인 영향을 미치기도 한다는 것은 이제 상식이 되었다. 좋은 매너란 위기를 모면하려는 단순한 사교적 위장이 아니라 경쟁력이라는 사실을 극적으로 보여주는 예들은 얼마든지 많다.

좋은 매너로 다른 사람들과 정을 나누려면, '내 방식대로 하라'는 강압적인 태도를 버리고 스스로 마음의 문을 열고 다른 사람들에게 다가서야 한다. 또한 성공하기를 원하는 사람들은 상대와 호감을 주고받으며 좋은 관계를 유지해야만 한다. 그런 의미에서 남을 배려하는 것을 기본 원칙으로 하는 매너가 경쟁력이 된다는 것이다. 또한 매너는 국경을 초월한다. 국제무대에서 활동하는 비즈니스맨이나 정치인, 공무원 그리고 일반 여행자들이 매너를 무시하고 멋대로 행동한다면 세계무대에서 상대방에게 좋은 인상을 줄 수 없을 뿐만 아니라, 망

신당하고 무시받기 쉽다. 특히 비즈니스맨이나 정치인 등의 경우에는 본격적인 상담이나 회담으로 들어가기 전에 상대방에게 나쁜 인상을 주어 치명적인 결과를 낳을 수도 있다. 이런 점에서 매너는 개인의 경쟁력일 뿐만 아니라, 국가의 경쟁력도 된다.

몸에 밴 타인에 대한 배려, 즉 좋은 매너는 여러 사람들로부터 신뢰와 힘을 얻어내는 원동력이다. 그러므로 기업을 경영하는 리더들이 갖추어야 할 것 중 중요한 것 역시 '좋은 매너'이다. 실패한 리더들의 공통점은 그들이 상대방에게, 즉 고객에게 호감을 주는 일에 실패했다는 점이다. 21세기의 리더들이 꼭 갖추어야 할 것은 바로 상대의 마음을 움직일 수 있는, 마음에서 우러나오는 좋은 매너이다. 또한 상대가 나를 '수단'이 아닌 '목적'으로 대우하고 배려할 때 비로소 사람과 사람 사이의 벽은 허물어진다. 매너는 '타인에게서 바라는 바를 타인에게 베풀라'는 것인데, 이것이 공자가 말한 인仁 정신이다. 仁이라는 한자는 두(二) 사람(人)으로 되어 있다. 이는 이기적인 욕심을 버리고 남을 배려하며 살아가라는 것을 뜻한다.

이 같은 경쟁력을 갖는 매너를 지니기 위해서 우리는 '성공을 위한 자기 관리', 요즈음 말로는 '자기경영' 또는 뼈를 깎는 듯한 아픔을 견디며 '셀프 리모델링'을 하여야 한다. 즉, 자기 자신부터 먼저 변화하여야 한다는 말이다. 재미있는 이야기를 하나 소개한다.[6]

어떤 여우가 있었는데 험한 산길을 걸어 다니느라 가시에 찔리고 돌멩이에 부딪혀 발이 성할 날이 없었다. 어느 날 인간들이 반들반들한 아스팔트를 만드는 것을 숨어서 지켜본 여우는 '바로 저거야!'하고 무릎을 쳤다. 토끼를 잡아서 그 가죽을 자신이 다니는 산길에 죽 깔아야겠다고 생각한 것이다. 여우는 토끼를 잡고 또 잡았다. 그러던 어느 날 토끼 한 마리를 잡은 여우가 "미안하지만 내가 이 산길을 편히 걸어 다니기 위해선 어쩔 수 없다."고 하자 잡혀온 토끼가 말하길, "어리석은 여우님, 이 산 속의 토끼를 다 잡아도 토끼가죽 길을 만들기는 어렵습니다. 하지만 제 꼬리를 잘라서 여우님의 발에 맞는 가죽신을 만들어 신으신다면 이 모든 산길이 토끼가죽길이나 다름없을 텐데요."

위의 이야기에서처럼, 매너는 다른 사람에게 변화를 강요하는 것에서 시작하는 것이 아니라 나 자신이 먼저 변화하는 것이다. 그러나 우리는 원천적으로 변화를 싫어한다. 변화하려면 아픔을 겪어야 하기 때문이다. 그러나 경쟁력 있는 사람은 세상의 변화를 주도하기 위해 스스로 변화를 추구하는 사람이고, 머리와 가슴 그리고 손이 같이 움직이는, 즉 머리로 생각하고 가슴으로 감성을 받아들이며, 손으로 행동하며 삼박자의 균형을 지향하는 사람이다. 매너는 여유 있을 때 배워두면 좋을 단순한 교양이 아니다. 매너가 몸에 밴 사람은 어떤 사람인가? 인간을 중요하게 생각하고, 그들과 어울려 사는 방법이나 원칙을 지켜나가는 사람이다. 이렇게 자기 관리를 하는 사람이 경쟁력 있는 좋은 매너를 가진 사람이다.

매너를 통한 성공에서 중요한 그 다음 것은 성공하고 싶다는 열정을 유지하고, 기를 집중시켜 올바른 곳에 열정을 쏟는 것이다. 열정을 유지하기 위해서는 성공할 것이라는 신념을 가져야 한다. 맹목적으로 '열심히 살다보면 성공도 하게 되겠지'라는 생각은 이제 더 이상 통하지 않는다. 그 신념을 공고히 하는 방법은 동기부여인데, 그 동기가 생겼을 때 성공 계획표를 세우고 매일 실천하여 신념을 습관화하는 것이 중요하다. 이런 차원에서 매너도 습관이 되도록 마음먹어야 한다.

『성공하는 한국인의 7가지 습관』에서는 재미난 '자기 경영을 위한 3가지 방정식'을 소개하고 있다.[7] 첫 번째 방정식은 $P=A$이다. 여기서 P는 생산성(productivity), A는 능력(ability)을 말한다. 인생의 생산성은 능력에 비례한다는 것이다. 따라서 무조건 열심히 한다고 A의 수준이 높아지는 것은 아니다. A의 수준을 높일 수 있는 가장 좋은 방법을 알아내고, 그 방법에 따라 열심히 하여야 최대의 성과를 낼 수 있다. 두 번째 방정식은 $P=M \times A$이다. 여기서 M은 동기부여(motivation)를 말한다. 똑같은 능력을 가진 사람도 자신을 둘러싼 환경과 사람들, 그리고 내적 상태 등의 변수인 동기(M)에 의해 생산성이 큰 폭으로 변화한다는 것이다. 세 번째 방정식은 $P=M \times A \times H$이다. 여기서 H는 습관을 말한다. 앞서 말했던 '플러스 습관'과 '마이너스 습관' 중 우리의 삶에 배어 있는 '마이너스 습관'을 '플러스 습관'으로 바꾸고 매일 훈련을 통해 습관화한다면, 우리 삶은 근본적인 것에서부터 변하여 몇 배의 결실을 맺을 수 있다는 것을 이 공식은 보여준다. 이것을 통해 자신의 삶에 좋은 매너를 위한 몇 가지 원칙을 세우고 그것들을 습관화하는 것이 얼마나 중요한가를 알 수 있다.

그렇다면 우리는 어떤 습관을 가져야 할까? 우선 좋은 매너를 가져야 한다. 한 분야에서 성공한 사람들은 좋은 매너를 가지고 있다. 사람들은 좋은 매너를 가진 사람을 처음에는 경계하다가도, 일단 호감을 가지게 되면 진정으로 그 사람의 성공을 바라게 된다. 그리고 그 사람의 실수에 대한 이해의 폭도 넓어져서 그 사람에게 불리한 일이 생기면 덮어주고, 좋은 일이 생기면 많이 축하하게 되는데, 이것이 곧 자신의 경쟁력이 되는 것이다.

다른 사람에게 호감을 주기 위해서는 인사가 매우 중요하다. 인사는 모르는 사람에게 다가가는 기술이다. 인간은 서로 알기 전에는 각기 다른 섬과 섬이다. 그 섬에 다리를 놓는 것이 바로 인간관계이다. 정현종의 다음 시가 생각난다.

사람들 사이에 섬이 있다.
그 섬에 가고 싶다.

두 사람이 만나면 사이가 생긴다. 이 시에는 그 사이를 메우겠다는 의도가 담겨 있을 것이다. 펜실베이니아 대학의 클

라우스 크리펜도로프Krieppendorf의 커뮤니케이션 이론도 매우
흥미롭다.[8]

人
人間人
人間人間人
人間人
人

생물학적이고 육체적인 사람(人)에서 사회적인 동물인 인간
(人+間)으로 다시 태어나는 것이 커뮤니케이션의 시작이라는
것이다. 우리는 이것이 인간관계의 시작이라고 본다. 이 이론
을 소개한 박영근은 "커뮤니케이션은 나눔, 나눔, 나눔이다."
라고 정의하면서, "이 세 개의 나눔은 각각 독립, 교제 그리고
공유를 뜻하는 것이다."라고 부연 설명하고 있다. 커뮤니케이
션처럼 인간관계의 시작은 두 사람이 각각 독립된 인격체로서
만나는 것이다. 이들은 독립된 인격체인 만큼 서로의 생각과
느낌이 다를 수밖에 없다. 그래서 이 사이, 즉 간間을 메우는
작업인 교제가 시작되고 서로 생각과 느낌을 주고받는다. 그
러나 진정한 인간관계가 이루어지려면 그 다음 단계인 공유에
이르러야 한다. 생각과 느낌을 공유하면 서로 공감대가 형성
되고, 이때부터 공유한 두 사람의 힘은 단순히 둘을 합쳐놓은
힘보다 더 큰 힘이 된다. 여기까지 오면 상대는 나의 후원자가

되고, 그는 내가 성공하도록 돕는다. 여기에 매너가 경쟁력이라는 원리가 숨어 있다. 예컨대, 정감 있는 인사는 모르는 사람에게 접근하여 간격을 좁히는 첫 번째 행위이자 타인을 배려하는 좋은 매너의 시작인 것이다.

매너는 문명화의 과정인가?

"매너 나쁘게 이게 무슨 짓이야?" "나는 매너가 좋은 남자가 좋더라!" 등등 우리는 일상 속에서 매너라는 말을 자주 사용한다. 그러면 이 매너라는 말은 무엇인가? 우리는 그 대답을 노버트 엘리아스Nobert Elias의 『매너의 역사, 문명화의 과정』에서도 찾아 볼 수 있다. 이 책은 본능적인 욕구에서 시작하여 그 욕구로부터 먼 것에 더 많은 가치를 지불할 수 있는 능력 및 그 능력에 의해 부수적으로 생겨나는 여러 가지 효과들에 의해 가시화되는 매너의 발달을 총체적인 역사 안에서 살펴보고 있다. 즉, "왜 그렇게 많은 매너가 필요한가?"라는 물음을 던졌을 때, '인간의 본성상' '지역적인 요건상'이라는 대답에서 '사회적인 필요에 의해서'라는 대답으로 가는 과정을 보여주고 있는 것이다.

그에 의하면 매너는 그 사람의 '사회적인 위치'를 굳이 말로 표현하지 않아도 몸으로 보여줄 수 있는 중요한 도구이기 때문에, 사람들은 '내가 이런 수준을 가진 사람이다.'라는 것을 보여주기 위해서 매너를 따르는 것이다. 그리고 그러한 과정 속에서 사회적으로 꼭 '필요'하기보다는 '쓸데없이 복잡한', 다시 말하면 '따라 하기 어려운' 많은 매너들이 생기게 된 것이라고 한다. 매너가 오히려 인간이 인간답게 사는 것을 더욱 힘들게 하는 '족쇄' 역할을 한다고 보는 것이다. 그러나 우리는 매너란 에티켓과 달리 실제 생활 속에서 그 에티켓을 적용하는 방식으로서 상대방을 배려하고 편안하게 만들어주는 것이라고 주장하고 있다.

매너는 어떤 변천 과정을 통해 발전하여 왔는가? 이 질문에 대해 노버트 엘리아스는 매너의 발전 과정이 서양 문명의 발전 과정과 정확히 일치하고 있다고 주장한다.[9]

그는 우선 서구 사회의 변천 과정을 영주와 기사가 중심이 되던 중세의 봉건시대, 왕과 귀족이 주도하였던 17세기의 절대왕정시대, 부르주아지가 새로운 중추 세력으로 등장하는 18~19세기, 마지막으로 전문 인력이 주체가 되는 현대사회 등의 네 단계로 구분한다.

중세 봉건 사회의 근간이 되었던 기사들은 종교적 타락과 함께 통제할 수 없는 싸움꾼이 된다. 이들의 거칠고 야만적인 행동을 순화시키고 사회 질서를 확립할 목적으로 궁정예절(꾸

르뚜와지la courtoisie)이 탄생하는데 기사들이 귀부인에게 보여주었던 연애와 여성 존중 사상이 주를 이루었다. 기사는 귀부인의 사랑을 얻기 위해 목숨을 건 모험을 떠나기 전에 한쪽 무릎을 꿇고 부인의 손에 키스하였다. 당시의 매너는 매우 노골적인 미분화 상태에 있었으며 상스러운 농민의 그것과 대비되는 것이었다.10) 이처럼 매너는 인간의 야만성을 순화시켜 사회적 안정을 가져오기 위해 시작된 것으로 여성 존중 사상(lady first)도 그 한 가지 형태였다.

16세기는 르네상스 시대로 중세와 근대의 과도기였다. 1530년에 에라스무스는 소년들을 교육시키기 위해『소년들의 예절론』을 출판했는데, 그는 이 책에서 "너무 빨리 또는 너무 천천히 걸어서는 안 되며, 음식을 지나치게 탐해서도 안 된다. 음식을 입에 가득 담은 채 물을 마셔서도 안 된다."11)고 하였다. 물론 이러한 전통은 오늘날까지도 서양 매너에서 대부분 그대로 지켜지고 있다.

17세기에 오면 전 유럽 귀족들의 시선은 베르사유 궁전으로 집중된다. 그리고 이들은 앞 다투어 프랑스 귀족들의 매너를 모방하기에 이른다. 독일 귀족들은 베르사유의 에티켓을 모르거나 프랑스어를 모른다면 결코 귀족으로 대접받을 수 없었다. 여기서 우리의 관심을 끄는 것은 베르사유 궁전에서 지켜지던 매너의 구체적인 내용이 아니라 이곳에서 매너가 발전하게 된 동기이다. 우리가 잘 알고 있는 바와 같이 루이 14세는 왕권을 강화하고 중앙집권 체제를 확립하기 위하여 전국에

흩어져 있는 대 귀족들을 베르사유에 모아놓고 통제하고자 하였다. 루이 14세는 귀족들에게 사치와 매너를 부추겼고, 귀족들은 당시 파리 시내에 살고 있던 부르주아들과 자신들을 차별화시키기 위하여 그들이 흉내 낼 수 없도록 매너를 극도로 까다롭게 발전시켰다. 귀족들은 부상하는 부르주아 계급으로부터 위협을 느꼈던 것이다. 당시 부르주아지들이 베르사유의 귀족들을 모방하기 위하여 얼마나 애를 썼는지는 17세기 프랑스의 극작가 몰리에르Molière의 작품들에서 쉽게 확인할 수 있다.12) 부르주아지에게 매너란 귀족 계급의 일원이 될 수 있는 일종의 꼬리표였다. 이것은 후일 '노블레스 오블리쥐Noblesse oblige'13)라는 용어로 구체화된다.

18~19세기 유럽은 민주화와 산업화라는 홍역을 치른다. 이러한 과정에서 부르주아지가 사회의 주도권을 잡게 되는데 정치적, 경제적 민주화는 매너의 민주화를 부수적으로 가져오게 된다. 이때부터 통혼通婚을 통하여 귀족 계급과 부르주아지의 매너가 급속도로 통합된다. 몰리에르 시대에는 어설픈 귀족 흉내를 '프레시오지떼préciosité'라고 불렀는데, 이제는 이것을 '스노비즘snobisme'이라 한다. 스노비즘이란 진정한 귀족성은 결여된 채 재산과 사치와 같은 부르주아적 기준으로 모든 것을 판단하려는 이상한 풍조를 비꼬아 부르던 말이다.14)

현대는 전문 지식인이 주도하는 정보 시대이다. 보다 더 많은 자제력과 자율성이 요구되는 고도의 경쟁 체제에서는 조금의 실수도 인정되지 않는다. 매너를 모르는 구성원은 낙인찍

히고 매장당하기 때문이다. 따라서 현대인들은 스트레스성 성인병으로 시달리며, 바캉스와 운동 경기에 매달려 심리적 억압으로부터 조금이라도 벗어나기 위하여 안간힘을 다한다. 매너를 모르면 사회적 성공은 물론, 일상생활 자체가 불가능한 시대에 살게 된 현대인들은 매너의 노예가 되어가고 있는지도 모른다. 즉, 문명화 과정을 통해 우리는 사회적 안정과 세련된 매너를 얻었지만, 원래의 마음 편하고 자연스러웠던 삶은 세련된 매너 때문에 불편해졌고 스트레스를 받게 되었다. 장 자크 루소는 이미 18세기에 문명의 발달이 오히려 인간을 불행하게 하였다는 논문으로 사람들을 놀라게 하였다.[15]

위에서 살펴본 노버트 엘리아스의 이론을 통하여 우리는 매너의 본질적 특성을 다음과 같이 몇 가지로 압축해 볼 수 있다. 첫째, 매너는 강자가 약자를 보호하는 데서 시작되었다. 약육강식이나 적자생존이라는 정글의 법칙이 지배하던 사회에서 약자를 짓밟는 자를 사회적으로 추방함으로써 안정과 질서를 유지하기 위한 것이 매너의 발단이었기 때문이다. 다시 말하면, 매너는 본능의 절제를 통해 사회적 안정을 추구하기 위한 수단으로 활용되었다. 매너는 사회에서 약자들이 나름대로 숨 쉬고 살 수 있도록 배려해주려는 노력의 일환이라고 할 수 있다. 여성 존중 사상의 출발점도 같은 맥락에서 이해할 수 있을 것이다. 사회적 약자를 보호함으로써 사회적 불평등을 조금이라도 해소하여 즐거운 사회를 건설하려는 것이다.

둘째로 매너 있는 사람은 사회적 위치와 관계없이 귀족이 될 수 있다는 것이다. 사장이라도 매너를 전혀 모른다면 사원들이 천박한 사람이라고 멸시할 것이다. 세련된 매너는 귀족과 하층민을 구분해주는 잣대로 사용되어 왔다. '노블레스 오블리쥐'라는 표현이 말해주듯이 사회의 상층부에 소속될수록 보다 더 매너를 잘 지켜야만 한다. 따라서 매너는 한 사회의 상층부에 속해 있는 강자는 반드시 지켜야만 되는 것이며, 역으로 말하면 매너를 지킴으로써만이 사회의 상층부에 속할 수 있는 것이다.

끝으로 매너의 노예가 되어서는 안 된다는 것이다. 우리가 살고 있는 현대 사회에서는 인사와 예의를 제대로 갖추며 산다는 것은 말처럼 쉽지 않다. 가장 중요한 것은 형식이 아니라 상대를 진정한 인간으로 존중하는 진실한 마음인 것이다. 현대적 의미에서의 매너는 서로 다른 많은 사람들이 공존하기 위한 수단이라고 할 수 있다. 매너는 자기 자신에 대해 여유를 가지고 생활함으로써 다른 사람에게 주는 피해를 최소화하고 나 자신이 받게 될 불이익도 감소시켜 주며, 사람들 사이의 관계를 부드럽고 윤택하게 해준다. 그런 의미에서 매너는 미래의 세상을 더 나은 곳으로 만드는 데 있어 중요한 역할을 할 수 있을 것이다.

국제매너는 성공적인 이문화 커뮤니케이션이다

문화충격을 예방하는 법

국제매너는 다른 문화에 대한 배려이다. 따라서 좋은 국제매너는 서로 다른 문화 사이에 올바른 커뮤니케이션이 이루어질 때 나오는 것이다. 다르게 말하면, 문화의 상대주의를 이해하는 자가 국제매너를 잘 알고 있는 사람이다. 매너라고 하면 파티에서 포크나 나이프를 사용하는 방법 등 테이블 매너가 전부인 것으로 착각하는 경우가 많다. 그러나 정말로 중요한 것은 상대방과의 문화적 차이를 받아들이고 그것을 이해하려는 열린 마음으로 이루어내는 성공적인 이異문화 커뮤니케이션이다. 예를 들면, 미국이나 유럽 문화권에 대해서는 문화적 열등감을, 동남아시아나 아프리카 문화권에 대해서는 문화적 우월감을 가지는 사람들이 많은데 이런 자세를 바꾸어야 서로 다른 문화 사이의 성공적인 커뮤니케이션이 이루어진다. 우리는 이런 것을 이문화 커뮤니케이션이라고 한다.

이문화 커뮤니케이션은 지구촌 시대를 살고 있는 우리에게 매우 필요한 것이다. 해외에 나가서 영어나 기타 외국어 몇 마디 잘한다고 커뮤니케이션이 성공적으로 잘 이루어지는 것은 아니다. 오히려 그 나라의 문화나 사람들의 관습, 생각하는 방식을 이해하여야 쉽게 그들과 커뮤니케이션을 할 수 있다. 동일한 문화권에 있을 때에는 많은 사람들이 자신이 속한 문화권의 습관과 관습에 따라 행동하지만, 일반적으로 문화가 다르면 인식의 차이, 가치관의 차이 때문에 야기되는 행동이나 말로 인하여 오해가 발생할 수 있다. 왜냐하면 많은 사람들은 자신의 행동이 자신이 속한 문화에 의하여 통제되고 있음을 모르기 때문이다. 자신과 다른 문화를 가진 사람을 만나면 흔히 그 사람의 뒤에 숨어 있는 문화의 차이를 보기보다는 겉으로 드러나는 자기와 다른 행위만을 보게 된다.

이처럼 자기가 자란 문화와 다른 문화를 만나게 되면서 받는 심리적인 충격을 '문화충격(culture shock)'이라고 한다. 이 표현은 1957년 빌르즈와 험프리가 처음 사용한 용어라고 하는데, 이제까지 사회생활에 적응하면서 익힌 방법과 수단이 다른 문화를 만나면서 소용이 없어졌기 때문에 심리적인 혼란이 발생하는 현상을 말한다.

일상생활 속에서도 커뮤니케이션은 언어적인 부분과 비언어적인 부분(특히 행동과 사고방식)으로 구성된다. 이때 문화적 배경이 다름에 따라 비언어적인 요소로 인해 커뮤니케이션에 오해가 발생한다. 따라서 국제사회에서 외국어만 잘 구사한다고 모든 것이 해결되는 것은 아니다. 해당 국가의 외국어를 잘 구사하는 것도 중요하지만, 그 나라의 문화에 대한 올바른 이해 없이는 비언적인 요소에 따른 커뮤니케이션에서도 마찰이 자주 일어날 소지가 있다. 알버트 메헤라비안Albert Meherabian에 의하면, 메시지 효과의 7%는 말이나 글, 38%는 목소리의 크기나 높낮이 등 음성, 그리고 나머지 55%는 표정과 같은 신체적 움직임에 따라 결정된다고 한다. 말과 글을 뺀 모든 것이 비언어적이라는 점을 감안한다면, 메시지 효과의 95%가 비언어적인 부분에 따라 결정되는 셈이다. 좋은 예를 들면, 중국 사람들에게 탁상시계를 선물하면 뺨을 맞는다. 그 이유는 탁상시계를 준다는 것을 중국어로 '송종送鐘'이라고 하는데, 죽은 사람을 보낸다는 뜻의 '송종送終'과 발음이 같기 때문이라고 한다. 또 인도나 인도네시아에서 물건을 주고받을 때나 식사할 때 왼손을 사용하는 것은 금물이다. 이들 나라에서는 전통적으로 왼손을 부정한 것으로 간주하기 때문이다. 지구촌 시대에 살면서 쓸데없는 오해를 사지 않기 위해서는 이러한 비언어적인 문화에 관심을 가져야 한다. 이것은 국제무대에서 성공적으로 이문화 커뮤니케이션을 하기 위해서이다.

국제무대에서 성공적인 인간관계를 갖기 위해서는 상대방

의 문화적 배경에 입각한 행동양식이나 사고방식을 사전에 잘 이해해야만 상호 간에 발생할 수 있는 충격이나 오해를 방지할 수 있다. 이를 위해서 문화충격을 예방하는 지혜가 필요하며, 특히 요즘 같은 지구촌 시대에서 이러한 태도는 필수적이다. 즉, 문화에 따른 인식의 차이를 이해하는 것이 지구촌 시대에 사는 우리에게는 선택이 아니라 필수라는 것이다.

일반적으로 사람들이 해외출장 및 여행을 가거나, 다른 기회를 통해 자신과 다른 문화를 만나면서 반응하는 태도는 크게 다음과 같이 4가지 경우로 나누어진다.[16]

1) 국수적 태도: 자신과 다른 문화권을 만날 경우 그 '다름'을 객관적으로 보려 하지 않고 거부해버리는 태도를 말한다. 이런 유형의 사람들은 외국 생활을 하기 어렵고 자신의 태도를 애국심으로 합리화하는 경향이 있다. 이들은 다른 문화를 비판적 시각으로만 보려 한다.

2) 도피적 태도: 자신에게 익숙한 사고방식이 다른 문화에서 통하지 않는 것에 좌절을 느껴 의식적으로 다른 문화를 기피하는 태도이다. 이런 태도를 가진 사람들은 대개 성격이 내성적이고 자폐적이어서 다른 문화에 적응하기 어렵다. 이는 집단주의 문화 속에서 자란 한국인이나 일본인들이 개인주의가 철저한 서양 문화를 만나면서 흔히 취하는 태도이다.

3) 동화적 태도: 자신의 문화에 대해 열등의식을 갖고, 남

과 다른 점을 숨기는 동시에 가급적 다른 문화 속에 안주하려는 태도이다. 이러한 태도를 가진 사람들은 흔히 다른 문화에 동화되면서 자기를 방어하는 태도를 취한다. 그리고 이는 대부분 자신의 문화에 무지한 젊은층이 갖는 태도이다. 예를 들면 "그 나라는 이렇더라!"는 식으로 다른 문화를 기준으로 삼고 자신의 모든 생활을 판단한다.

4) 적응적 태도: 지구촌 시대에 적합한 태도로서 자신의 문화에 대한 정체성을 잃지 않는 태도이다. 각각의 문화에는 그 나름대로 고유성이 있다는 것을 인정하고, 좋거나 나쁘다는 흑백 논리로 문화의 차이에 따른 사물과 현상의 우열을 판단하지 않으며 오히려 다른 문화를 통하여 자신의 문화가 지닌 특이성을 재확인한다. 이러한 태도를 가진 사람들은 다른 문화에 적응하면서도 자신의 문화와 관습을 존중할 줄 아는 사람들이다.

서양 사람들 눈에 비친 한국인

지금부터는 동서양의 문화 차이로 인해 이문화 커뮤니케이션에서 발생하는 문화충격의 사례들을 살펴보겠다. 이러한 사례들을 잘 이해하게 되면, 우리는 다른 문화를 만났을 때 충격을 덜 받고, 당황하지 않으며 당당하게 국제무대에서 활동할 수 있을 것이다. 그런 의미에서 서양인들이 한국에 와서 겪게 되는 문화충격의 사례들을 우선 열거해본다.[17]

한국인들은 너무 무뚝뚝하고, 무표정하다

한국인들은 무표정에 가까운 무뚝뚝한 표정을 짓고 무게를 잡는다. 이 점이 바로 서양인들이 한국에 오자마자 받게 되는 충격이라고 한다. 그러나 한국 사람들이 무뚝뚝한 표정을 짓는 데에는 그만한 이유가 있다. 한국에서의 '예의바름'의 개념이 서양의 그것과는 다르기 때문이다. 한국에서는 어른이나 윗사람에 대한 공손한 태도에 예절의 기준을 두고, 존대어를 쓰지 않거나 불손한 언행을 할 때 '예의가 없다'고 말한다. 한국인들의 예의바름은 '정중함' '공손함'과 같은 의미로 쓰이는 것이다. 따라서 한국인들은 비록 서로 처음 만났을지라도 우선 나이부터 묻는다. 그 이유는 상대가 자기보다 나이가 어리면 하대를 하려는 것이고, 상대가 자기보다 나이가 많으면 공손하게 대해야 예의가 바르다는 소리를 듣기 때문이다.

그러나 서양인들은 '거칠지(rude) 않다'라는 말을 '예의가 바르다'라는 의미로 사용한다. 영어단어 'rude'는 '언행이 거친, 무뚝뚝한, 버릇없는' 등의 뜻을 가지고 있다. 예를 들어, 서양인들은 자신이 말을 할 때 "아, 그래요!"나 "정말이에요?" 등의 대꾸 없이 눈만 멀뚱멀뚱 뜨고 쳐다보거나, 다른 곳에 시선을 두고 말을 잘 듣지 않는 상대방을 '거칠다'라고 말한다. 또는 선물을 받으면서도 반가워하는 표현을 잘 하지 않거나 사람을 만난 자리에서 굳은 표정을 지을 때에도 서양인들은 그를 '거칠다'라고 말하며 예절이 바르지 않다고 생각한다. 그러나 우리는 이러한 행동을 오히려 점잖지 못한 것으로 간주하여 그를 '경솔하다'거나 '가볍다'라고 평가한다. 이것이 바로 문화의 차이이다.

한국인들은 일반적으로 친절하지만, 이상하게도 모르는 사람에게는 상대적으로 친절하지 않다

실제로 한국인들 중에는 백화점이나 건물 출입문에서 뒤따라오는 사람이 자신의 가족이나 친구인 경우에는 문을 잡아주지만, 모르는 사람이 뒤따라오는 경우에는 문을 그냥 놓아버리는 사람들이 많다. 그래서 뒷사람이 코를 다칠 뻔하거나 안경을 떨어뜨릴 뻔 하는 경우도 생긴다. 이러한 모습을 본 서양인들은 "한국 사람들은 아는 사람에게만 잘 대해주는 것 같다."라고 말한다. 우리와 달리, 대부분의 서양 사람들은 낯선 사람을 만나도 가리지 않고 친절하게 대해준다. 즉, 서양인들은 누구에게나 친절하다고 할 수 있다. 그러나 친구가 무엇을 부탁했을 때 그 내용이 조금이라도 무리라고 생각되면 냉정하게 거절하는데, 그러한 점은 우리와 다르다.

서양인들의 이러한 태도가 우리에게는 간혹 매정해보이며 충격적일 때도 있지만, 서양 사람들은 공과 사를 분명하게 구별한다. 예컨대 우리나라 학생 중에는 자신의 원어민 영어선생님과 가까이 지내며 때때로 그분의 행정적인 일이나 기타 여러 개인적인 문제 해결을 도와주기도 하였는데, 기말고사에서 자신에게 C학점을 주었다고 투덜대며 욕하는 학생이 있었다. 이는 공과 사를 구별하지 못하는 일부 한국 학생들의 모습

이다. 우리 문화권에서는 친구가 "우린 친구 아이가."라고 말하며 말도 안 되는 것을 부탁하더라도 의리 때문에 들어주어야 한다. 그래서 우리는 모르는 사람과 친구가 되기 전에는 그를 경계하게 되는 것이다. 다시 말하면 '모르는 사람에게 친절하게 대하여 그 사람이 나와 친구가 되었다고 생각하고 무리한 부탁을 하면 어쩌지?'라는 생각에 미리 조심한다는 것이다. 그래서 우리는 모르는 사람에게 친절하지 못하고, "자신의 집에 전세 들어 사는 사람과는 친하게 지내지 말라."는 말도 하곤 한다. 세입자와 친해지면 나중에 집세를 올려달라고 말하기가 어려울 수도 있기 때문이다.

이러한 문화의 차이에는 분명 이유가 있을 것이다. 우리나라 사람들은 정이 많아서 친구가 무언가를 부탁하면 "아니."라고 말하는 데 있어 심리적으로나 의리 면에서 부담을 느낀다고 한다. 따라서 모르는 사람과 사귀는 것에 있어서도 조심스러워 하고, 모르는 사람들은 의도적으로 멀리하고 경계한다는 것이다. 그러나 한국 사람들은 일단 친해지고 나면 공과 사의 경계가 모호해진다.

한국인들은 설명을 변명이라고 생각하며 잘 하지 않는다

우리나라 사람들은 일반적으로 설명을 하거나 듣는 것을 좋아하지 않는 경향이 있다. 설명을 하려고 하면 "너 나를 바보로 생각하는 거지!"라며 오히려 화를 낸다. 심지어 새로운 가정용 전자제품을 사도 그 제품의 설명서를 잘 읽지 않는 습관도 가지고 있다. 한국의 학교 교육에서도 답에 대한 설명보다는 정답을 고르는 기술을 더 많이 가르친다.

그러나 서양 사람들은 설명이 대단히 중요하다고 생각한다. 서양인들에게 '안다'는 것은 '이해한다'라는 뜻이고, '이해한다'는 것은 상대방을 받아들이고 인정해야 가능하다고 생각하기 때문이다. 따라서 서양 사람들은 자신의 감정을 분명하게 말로 표현하는 것을 중요시한다. 다시 말하면, 서양인들은 사람의 감정이나 생각은 언어 이외의 것으로는 알 수 없다고 본다. 따라서 서양 사회에서는 말로 자신의 생각을 논리적으로 설명하는 능력이 중요하다. 그러나 한국 사회에서 사람들은 언어 이외의 부분에 크게 의존한다. 이것이 서양과 우리의 커다란 문화적 차이이다.

서양의 학교 교육에서도 설명은 매우 중요하다. 서양에서는 초등학교 때부터 어떤 일을 하는 행위 그 자체보다 왜 그것을 하는가를 설명하는 것이 더 중요하다고 가르친다. 다르게 말하면, 서양 사회에서는 정답을 제시하는 것만으로는 충분하지 않고 그 정답이 나온 과정도 설명해야 하는 것이다. 미술 교육도 마찬가지이다. 프랑스에서 미대를 나온 학생들의 말에 의하면, 그림을 예쁘게 그리기보다는 개성 있게 그리고, 그 그림에 대해 설명할 줄 알아야 한다고 한다. 이러한 교육을 받으며 자란 서양인들이 설명하기 싫어하는 우리의 모습에 충격을 받는 것은 당연한 일이다.

한국 사람들은 예의상 일단 사양부터 한다

서양 사람들은 대개 상대가 하는 말을 액면 그대로 받아들인다. 그러나 한국 사람들은 음식을 권하면 일단 사양부터 하지만, 계속 권하면 마지못해 응하는 척하면서 받아들이는 관습을 가지고 있다는 것이다. 실제로 우리나라 사람들은 인사치레로 마음에 없는 말을 한 다음, 진짜 하고 싶은 말은 그 뒤에 말한다. 그러나 일본은 일반적으로 우리나라보다 이러한 관습이 더 심하다고 한다. 일본사회에는 '혼네(본심으로 말하는 것)'와 '다테마에(속마음은 그렇지 않지만 꾸며서 남 앞에서 좋게 말하는 것)'가 있다. 일본인들은 남 앞에서 의례적으로 하는 '다테마에'를 듣고서도 바로 그 말의 진의를 터득하고 '혼네'로 새겨듣는다. 그러한 문화에 익숙하지 않은 서양 사람들은 말의 숨은 뜻을 파악하기가 쉽지 않은데, 이런 점이 서양 사람들을 매우 당황스럽게 만든다. 그리고 우리나라 사람들은 서양 사람들과 이야기할 때, 말을 직접적으로 하지 않고 빙빙 돌린다. 우리의 그러한 문화에 서양 사람들이 힘들어하는 것과는 반대로, 우리나라 사람들은 서양인들이 직접적으로 이야기하는 것이 익숙하지 않아 크게 당황하기도 한다.

한국 사람들은 칭찬을 잘하지도, 또 잘 받아들이지도 못한다

서양 사람들은 일상생활 속에서 상대방의 칭찬을 잘하고, 또 자신에 대한 칭찬을 자연스럽게 받아들인다. 그러나 우리나라 사람들은 칭찬을 하는 데 인색하고, 칭찬을 잘 받아들이

지도 못한다. 예를 들어 어떤 사람이 "당신 남편 참 멋있군요. 행복하시겠습니다."라고 말하면, 대부분의 한국 여자들은 "멋있기는 뭐가 멋있어요. 안 그래요. 외모는 그럴 듯하지만 사실은 그렇지 못해요"라고 말하여 서양 사람들을 당혹시킨다. 우리는 겸양의 뜻으로 그렇게 답하는 것이지만, 말을 액면 그대로 받아들이는 서양 사람들은 부부 사이가 나쁘거나 남편이 정말 멋이 없는 사람이라고 생각한다.

이처럼 칭찬은 하는 사람과 받는 사람의 장단이 맞아야 효과가 있다. 칭찬하는 말을 잘 받지 못하면 칭찬한 사람이 매우 당황스러워한다. 앞에서 예로 든 경우에는 일단 "고맙습니다."라고 인사하고, "제 남편은 멋있는 분이에요. 그래서 행복합니다."라고 대답하는 것이 좋다. 그러나 우리나라에서는 남편이나 자기 자식을 자랑하는 사람을 팔불출이라고 하여 가족에 대한 칭찬을 금기시하고 있다. 그러나 서양인들은 칭찬을 인사말로 사용하기도 한다. 예를 들면, 상대방이 "안녕하십니까? 그 넥타이가 참 좋습니다."라고 말하면 "네. 고맙습니다. 선물로 받은 것입니다. 저도 마음에 들어 자주 맵니다."라고 답하면 된다. 인사를 하면서 상대에 대해 가볍게 칭찬하는 것은 상대에 대한 관심의 표현 방법이 될 수도 있다.

한국인의 눈에 비친 서양인

지금까지는 서양 사람들이 한국에 와서 흔히 겪는 문화충격의 사례들을 몇 가지 살펴보았다. 거꾸로 지금부터는 한국 사람들이 서양에서 살거나 여행하면서, 아니면 서양 사람들과 비즈니스를 하면서 문화충격을 겪는 몇 가지 경우를 살펴보자.

서양에서는 선물 대신 돈을 주지 않는다

서양 사람들은 결혼식이나 장례식 등에서 직접 돈을 주고 받지 않는다. 현찰로 돈을 준다는 것은 돈의 액수가 바로 드러나 매우 이해타산적이라고 보며, 돈은 마음이 담겨진 선물이 아니라고 보기 때문이다. 서양에 가서 우리나라에서 하던 것처럼 돈이면 다 된다는 식으로 행동했다가는 큰 실수를 하게 된다. 프랑스의 경우에는 결혼 축의금을 현찰로 내지 않고 신랑, 신부가 지정한 상점에서 미리 준비되어 있는 '상품 리스트'를 보고 자신의 호주머니 사정을 고려하여 사주고 싶은 물건의 값을 상점에 지불하는 방식을 취한다.

우리 식의 겸손이 서양에서는 오해를 불러 일으킨다

말을 액면 그대로 받아들이는 서양 사회에서는 우리가 미덕으로 간주하는 겸손의 말이 간혹 큰 오해를 불러일으키기도 한다. 자신이 가지고 있는 것이 훌륭한 것이라도 우리는 '별 것 아닌 것'이라며 겸손해한다. 일례로 한국 사람들은 자신의 멋진 집에 서양 손님을 초대해놓고 "집이 누추해서……"라고 말하면서 겸손해하는데, 서양 사람들은 그 말을 어떻게 해석하여야 할지 몰라 당황한다. 그리고 서양 사람들은 자신이 업무를 잘 수행하였을 때는 그 업적을 과시하는 것을 당연한 프라이드로 여긴다. 또한 그 일이 객관적으로 보아도 자랑스러울 때에는 누구나 그 프라이드를 기꺼이 받아준다. 반면 자랑하는 내용에 객관성이 부족하거나 아예 없는 경우에는 극단적인 거부감을 나타낸다.

그러나 우리나라 사람들은 상대에 대한 '공손함'이나 '정중함'을 예의바름으로 간주하기 때문에, 가끔 서양 사람들이 당황할 정도로 겸손이 지나친 경우도 있다. 예를 들어 "부인이 요리를 잘해서 행복하시겠습니다."라고 말하면, 한국 사람들은 대개 겸손의 뜻으로 "뭘요 그저 조금 하지요."라고 답한다. 그러나 서양 사람들은 그것을 지나친 겸손으로 오해하므로, 이런 경우에는 "예, 요리를 좀 합니다. 칭찬해 주셔서 감사합니다."라고 말하면 된다.

우리 식의 불공평을 서양 사람들은 매우 싫어한다

서양 사람들이 제일 싫어하는 말이 '언페어unfair'이다. 언페어의 반대인 페어fair란 말에는 여러 뜻이 있는데, 사전적인 의미로는 '공평한' '어느 쪽에도 치우치지 않은' '편견이 없는' '차별하지 않는'이라는 뜻과 함께, '아주 나쁘지도 않고 아주 좋지도 않은 중간 정도'라는 뜻도 있다. 미국 학생들의 평가 기준을 보면, 우리의 C 학점이 미국에서는 '페어'이다. 이 페어 학점은 공부를 잘하는 것도, 그렇다고 못하는 것도 아닌 최소한의 합격선을 뜻한다. 페어의 세 번째 뜻은 '페어플레이fair play'라고 말할 때처럼, '규칙에 따르는' 것을 말한다. 그러므로 페어를 중요시하는 서양 사회는 누구도 차별받지 않아야 하고, 모두가 규칙에 따라야 하고, 누구나 편견 없이 공평하게 대해야 하는 사회인 것이다. 그래서 서양 사람들이 "당신은 언페어해!"라고 말하면, 그 사람과는 인간관계를 맺고 싶지 않다고 말하는 것으로 이해하면 된다. 그러나 우리나라 사람들은 학연, 지연, 혈연에 묶여 상대를 불공평하게 대하고 차별한다. 한국의 공무원 사회에서는 얼마 전까지만 해도 "아는 사람이 있으면 안 되는 것도 되고, 아는 사람이 없으면 될 것도 안 된다."는 조소적인 말이 공공연하게 떠다녔다.

서양 사회에서 또는 서양인들과 비즈니스를 할 때 '페어'라는 단어는 절대 잊지 말아야 할 원칙이다. 한 예를 들면, 서양인들은 인간의 능력이나 업적을 객관적으로 공평하게 평가할 수 있다고 생각한다. 그러나 한국인들은 A라는 사람이 올린 업적은 다른 동료들과 협조한 결과라고 보며, 더 심하게는 A 이외에 보이지 않는 다른 사람의 노력까지도 있다고 본다. 이런 점 때문에 한국 사람들은 서양에서 커다란 문화적 차이를 느끼고 심한 충격을 받기도 한다.

우리 식 남존여비 관습이 많은 실례를 범한다

서양 사회에서는 '여성 존중 사상'이 오랜 전통이며, 여성을 깍듯이 대하지 않는 것이 오히려 남자의 체면을 깎는 것이라고 생각한다. 이러한 서양 사회에서 남존여비 관행에 익숙한 우리나라 사람들이 놓치기 쉬운 사항들을 나열해본다.

① 여성과 차도를 걸을 때 원칙적으로는 남성이 차도 쪽에서 걸어야 한다. 왜냐하면 차도 쪽이 위험하기 때문이다.
② 정식 식사 테이블에서 남성은 자신의 좌측 여성이 자리에 앉고 일어설 때 의자를 빼주고 넣어 주며, 차를 탈 때도 문을 여닫아 준다.
③ 여성이 코트를 벗고 입을 때 뒤에서 거들어 준다.
④ 쓰레기를 집안에서 밖으로 버리는 일은 남편의 일이며, 더럽고 무거운 것을 옮기는 것도 남편의 일이다.
⑤ 계단을 오를 때는 남성이 먼저 오르고, 내려올 때는 여성이 먼저 내려온다.

그 외에도 수많은 예를 들 수 있지만 요즈음은 여성들의 사회 진출이 활발해지면서 옛날보다 여성 존중 사상이 좀 약화되고 있는 실정이다. 그럼에도 불구하고 국제무대에서 좋은 매너를 유지하려면 잊지 말아야 할 것이 '레이디 퍼스트', 즉 여성 존중 사상의 문화이다.

우리 식의 사생활 간섭은 서양 사회에서 통하지 않는다

서양 사람들은 남의 사생활에 간섭하지 않고, 그것을 몹시 싫어한다. 서양 사람들이 생각하는 사생활이란 남에게 알리고 싶지 않은 부분의 일체를 말한다. 그러므로 그들이 싫어하는 모습이 역력함에도 불구하고 서양 사람들에게 사적인 질문을 계속하는 것은 대단한 실례를 범하는 것이다. 이 문제는 우리나라 사람끼리도 마찬가지이다. 우리가 사양 사람들과 이야기할 때 실수할 수 있는 사생활 침범의 사례들을 몇 가지 열거해본다.

① '안색이 나쁘다'라고 말하는 등 얼굴이나 신체부분을 화제로 삼는다.
② "어디 가십니까?"라며 가는 곳을 묻는다. 이것이 우리에게는 인사가 될 수 있지만, 서양 사람들은 사생활 침범이라고 생각한다.
③ 나이, 가족 상황, 결혼 여부, 건강 등에 대해 묻는다. 물론 이것은 어느 정도 친해지면 물을 수도 있는 질문들이다. 이런 경우에는 먼저 자신에 관한 개인 정보를 말해주면 상대도 자신의 개인 상황을 자연스럽게 알려준다.
④ 상대방의 수입이나 재산에 대해 묻는다. 다른 사람에게 숨기고 싶은 사적인 부분을 서양 사람들에게 집요하게 묻는 것은 그를 몹시 괴롭히는 행위로 간주되니 매우 조심해야 한다.

모든 것이 넉넉하지 못하고 살기에 급급했던 시절의 우리나라 사람들에게는 마음의 여유가 없었다. 의식주와 관련된 커뮤니케이션밖에는 하지 못했고, '밥 힘'이 꺼질세라 말 한마디도 아꼈다. 그러한 방식에 익숙해 있다가, 어느 날 모든 것이 변하자 갑자기 표현하고 나누라는 요구를 받으니 미숙할 수밖에 없다. 그러나 낯선 사람이라도 몇 다리 걸치면 우리는 서로 다 아는 사람이다. 그런 존재에 대해 내가 먼저 존중할 줄 아는 마음의 표현이 매너이며, 이런 것들이 지금 우리에게 절실하다. 예컨대, 비행기처럼 좁은 공간을 나누어 써야 하는 상황에서 신문을 볼 때의 행동은 거실에서 신문을 볼 때와 달라야 한다. 신문을 반으로 접어서 봐야 하고, 넘길 때 소리도 좀 나지 않게 신경을 써야 한다. 그리고 음식점이나 백화점 같은 건물의 출입문을 드나들 때에는 뒤이어 나오는 사람을 배려하여 문을 잠시 잡아주어야 한다. 서양 사람들은 거의 습관적으로 출입문을 조심스레 붙잡아 줌으로써 뒤이어 오는 사람들을 배려해 준다.

또한 외국인들과 대화할 때에는 정치나 종교 같은 무거운 주제는 피하는 것이 좋다. 대신 우리에게는 익숙하지 않지만 가벼운 일상에 관한 이야기, 이른바 스몰 토크small talk인 날씨, 상대방의 차림새에 대한 칭찬, 음식의 맛 등 자연스러운 주제로 이야기를 이끌어가야 한다. 이런 멋진 매너가 국제무대에서 우리의 경쟁력이 될 수 있다. 이야기를 혼자 독점하거나 마음에 드는 사람과만 이야기하는 것은 좋지 못한 매너이다.

서양 사람들에게 하고 싶은 이야기가 있을 때는 결론부터 직접적으로 말하는 것이 바람직하다. 우리나라 사람들은 하고 싶은 말을 빙빙 돌려 이야기하는 경우가 있는데, 이런 경우에는 서양 사람들과의 커뮤니케이션에서 실패할 수도 있다.

요즈음 들어 많은 한국 사람들이 영어라면 어디서나 다 통한다고 생각하고 어느 나라에서든지 다짜고짜 영어를 사용하는 경우가 있다. 그러나 이것이 어떤 나라에서는 현지인들의 기분을 상하게 할 수도 있다. 적어도 "안녕하세요?" "감사합니다." "고맙습니다."라는 세 문장 정도는 현지어로 말할 수 있도록 공부하는 것도 그 나라 사람들에 대한 배려이다.

그 외에도 문화권별로 특이한 관습과 매너들을 익혀두면 이문화 커뮤니케이션에 매우 유리하다. 예를 들면, 태국 등 일부 동남아시아에서는 머리에 부처님이 계신다고 믿기 때문에 아이들의 머리를 쓰다듬거나 만지지 않는다. 중동 문화권의 사람들은 눈을 크게 뜨고 이야기 도중에 끼어드는 일이 잦지만 그렇다고 그들이 무례하다고 생각하면 오산이다. 그들은 그것 자체를 훌륭한 커뮤니케이션 수단으로 생각하기 때문이다.

매너는 삶을 살 줄 아는 방법이다

지금까지 살펴본 것처럼, 매너라는 말은 일상생활 속에서 에티켓을 적용하는 방법을 말한다. 매너를 프랑스 말로 하면 그 의미가 더 분명해진다. '사브와르 비브르savoir vivre', 여기서 '사브와르savoir'는 '~을 (배워서) 할 줄 알다'란 동사이고, '비브르vivre'는 '살다'라는 동사이다. 그러므로 'savoir vivre'란 '살 줄 알다'란 뜻이고, 이는 곧 '삶을 영위할 줄 아는 방법'을 의미한다. 다르게 말하면 매너는 '삶을 멋지고 훌륭하게 살아가는 지혜이고 요령'인 것이다. 그런데 매너라는 말을 들으면, 많은 사람들이 제일 먼저 '상황에 맞는 처신이나 방법'을 떠올린다. 어떤 사람은 매너를 단지 '비즈니스상의 처세'를 가리키는 것으로 알고 있는 경우도 있다. 따라서 '친절·서비스 강사들의 인위적인 웃음'이나 '물질적으로 여유 있는 자들의 거들먹거림'만이 매너라 생각하는 경우가 많다.

그러나 우리가 여기서 말하는 '매너'란 '인성과 일상적인 삶의 태도'로서의 매너를 말하는 것이다. 가공된 화려함보다는 본래의 "자연스러운 모습을 더 좋아하고, 비범함보다는 평범하기를 추구하고, 거짓으로 무장하기보다는 진실되게 보이게 하는 것"[18]이 진정한 매너라고 할 수 있다. '상대에 대한 끝없는 존중과 배려의 마음을 품고 있을 때 몸으로 체화되는 인간적인 표현이 바로 매너'라고 정의한 박준형 이문화 컨설턴트의 의견에 우리는 전적으로 동의한다.[19]

매너는 복잡하게 정해진 행동양식을 따라하는 것이 아니라, 다른 사람과 더불어 세상을 살아가면서 내가 만나는 사람들을 배려하는 데 가장 우선적으로 마음을 쓰는 것이다. 따라서 좋은 매너란 다른 사람들에게 친절하게 대하고 편안함을 주는 것이다. 우리가 일상생활에서 보여주는 조그만 매너들은 주변 사람들을 기분 좋게 해줄 것이기 때문에, 많은 사람들이 매너를 일상화하면 세상은 분명히 아름다워질 것이다. 다시 말하지만, 좋은 매너란 세상을 살아가면서 내가 아닌 다른 사람을 조금 더 배려하고 칭찬하면서 관심을 표현하는 것이다. 그런 의미에서 좋은 매너는 격식 있는 자리에서만 필요한 것이 아니라 일상생활 속에서 누구나 할 수 있는 일인 것이다. 따라서 매너는 삶을 잘 살아 갈 줄 아는 방법이다. 그리고 이런 방법을 '삶의 예술'이라고 말할 수 있다.

일상생활 속에서 남을 위한 사소한 배려가 그 누군가의 하루를 기분 좋게 만들 수 있다. 그러한 좋은 매너의 몇 가지 예를 나열해본다.

- 길을 가다가 누군가의 발을 밟았거나 어깨가 부딪혔을 때 "미안합니다."라고 말한다.
- 백화점에서 뒤에 오는 사람을 위해 출입문을 잡아준다.
- 엘리베이터에서 이웃을 만났을 때 먼저 인사말을 전하고 미소를 보낸다.
- 지하철에서 옆 사람에게 피해를 주지 않기 위해 신문을 접어서 본다.
- 식당 같은 공공장소에서 큰 소리로 떠들지 않는다.
- 공중화장실을 깨끗하게 사용한다.
- 한 줄 서기를 지킨다.
- 새치기하지 않는다.
- 초보 운전자에게 될 수 있는 한 재촉하지 않는다.

이런 식으로 좋은 매너의 시작은 다른 사람이 나에게 맞춰주기를 바라기보다는 내가 먼저 그들에게 무엇을 해줄 것인가를 생각하는 것이다. 이렇게 내 마음을 바꾸고 내 행동을 바꾸면, 마침내 세상도 바뀐다. 매너의 기본정신이 상대방을 배려하는 마음에서 우러나오는 것인 만큼 내 생각을 고집하기 전에 상대방의 입장을 먼저 생각해보는 것이 좋은 매너이다. 이처럼 타인을 배려하는 좋은 매너는 그 사람의 하루를 기분 좋게 만들 수 있다. 이것이 삶을 잘 사는 길이 아닐까? 이때 매너는 단지 '겉만 치장하는 것'이 아니라, 내면의 생각하는 방식을 바꾸어 나 자신보다는 타인에게 마음이 향하도록 만들어 주어야 하는 것이다.

이렇게 해서 좋은 매너를 갖게 되면, 우리는 세상을 바라보는 올바른 시각을 가질 수 있다. 좋은 매너에 대해 생각하기 시작하면, '패러다임의 전환'을 쉽게 할 수 있다. 그런 의미에서 매너는 단순한 지식이나 방법이 아니라, 삶을 살 줄 아는 방법인 것이다. 그리고 매너의 기본 핵심은 '타인에 대한 배려'이다. 이를 다르게 말하면, '역지사지'의 마음을 가지면 타인에 대한 수용의 자세가 바뀌는 것을 뜻한다. 이렇듯 매너는 꼭 격식 있는 자리에서만 필요한 '장식품'이 아니라, 내 가족, 내 친구들 사이에서 잘 지켜져야 하는 것이다.

'삶을 잘 살아가는 방법'으로서의 매너를 다른 식으로 표현하면, 삶을 살아가면서 잘 먹고, 잘 마시고, 잘 놀 줄 아는 방법을 의미하기도 한다. 청주대 손일락 교수는 「국민일보」의 한 칼럼에 '사랑은 식탁을 타고 온다.'고 쓴 적이 있다. 그에 의하면 한 시대를 떠들썩하게 했던 '막가파'나 '지존파' 같은 조직 폭력배들은 대부분 편부나 편모슬하에서 성장한 결손가정 출신이 많은데, 그 이유는 "결손가정이 사랑과 유대가 넘쳐흐르는 식사 공간의 증발과 부모와 자식 간의 물리적·정서적 접촉 기회를 차단하는 결과를 부추기고 이 과정에서 야수의 시대가 잉태되었을 가능성이 있기 때문"이라고 한다. 이런 의미에서 식탁은 단순하게 고픈 배를 채워주는 물리적인 공간 이상으로 사랑과 정을 나누고 교육이 이루어지는 장소이다.[20] 뿐만 아니라 핸드폰 등 통신의 발달로 참을성이 약해지고 인간성이 메말라가는 이 시대에 온 가족이 모여서 사랑의 대화를 나누며 식사를 즐기는 일은 무엇보다도 중요한 일이 되었다. 더 나아가 좋아하는 친구나 사랑하는 연인들끼리 분위기 좋은 식당에서 함께 대화하며 식사하는 것도 우리에게 필요한 매우 즐겁고 행복한 순간이다.

이처럼 음식을 함께 나누어 먹는 행동은 사람들이 서로 사랑과 우정을 교환하는 가장 원초적인 형태이다. 식사는 인간과 인간 사이에 마음을 열고 교감을 나눌 수 있는 중요한 매개체이기 때문이다. 실제로 우리는 식사를 함께 하면서 모르는 사람을 알게 되고, 친구와의 우정은 더욱 돈독해진다. 뿐만 아니라 비즈니스상의 거래도 대부분 식탁에서 이루어진다. 그런 의미에서 다음 장에서는 잘 먹는 방법, 특히 '함께' 잘 먹는 방법으로서의 테이블매너를 살펴보기로 한다.

테이블매너를 모르면 사교가 어렵다

음식은 생존의 수단이 아니라 삶을 즐기는 문화

먹는 문화란 단순한 식도락의 차원이 아니다. 요리는 종합 예술로 문화의 중요한 한 부분이고, 삶을 살 줄 아는 방법으로서 매너와 국제매너의 중요한 내용이기도 하다. 만일 먹는 문화에 매너가 있다면, 그때 먹는 것은 생존의 문제가 아니라 세련된 문화의 일부분이다.

우선 테이블매너와 먹는 문화의 시작은 음식문화를 즐기려는 태도에서부터 시작된다. 흔히 프랑스인들은 '문화를 먹고 사는 민족'이라고 말한다. 프랑스인들은 독일인들을 '문화가 없는 야만인'이라고 평가하고, 영국인들을 '조잡한 문화를 가진 속물', 미국인들을 '상놈인 데다 졸부'라고 평가한다. 이를 오만이라고 보기보다는 '문화와 가치'라는 잣대에 비추어 이해해주어야 한다. 그렇다면 문화 강대국이라 불리는 프랑스를 이루는 것들은 무엇일까? 오랜 전통, 화려한 문화유산, 세련된 삶의 습관과 새로운 것을 추구하는 창조적 전통에 미식문화, 즉 먹는 즐거움에 애정을 갖는 테이블 문화를 반드시 끼워 넣어야 한다.[21]

프랑스인들에게 있어서 요리는 특별한 것이다. 프랑스인들은 요리에 대해 이야기하면 금방 표정이 밝아진다. 따라서 프랑스인들과 쉽게 사귀는 좋은 방법은 맛있는 레스토랑을 다니면서 함께 먹고 즐기는 것이다. 어디 프랑스뿐이겠는가? 우리도 마찬가지일 것이다. 여기서 중요한 것은 '먹는다'라는 행위인데, 이는 그저 단순히 생존의 차원에서 먹는 것이 아니라 요리를 함께 즐기는 것을 뜻한다. 근본적으로 음식을 함께 나누어 먹는 것이 친근함을 표현할 수 있는 최고의 방법 중 하나인 것은 분명하다. 맛있고 보기 좋은 요리로 배를 채우다 보면 여유가 생길 뿐만 아니라, 서로에게 열려 있는 '틈'을 발견할 수 있어 서로가 서로를 잘 받아들일 수 있게 되기 때문일 것이다. 실제로 우리말에 '한솥밥 친구'라는 말이 있다. 이를 영어로 말하면 'companion'이고, 프랑스어로 말하면 'compagne'이다. 이 말들의 어원은 '동무, 동반자'란 뜻을 가지고 있으니, 다시 말해 이것들은 '같이 빵을 나누어 먹는 사람들', 즉 '함께 먹는 즐거움을 나누는 사람'이라는 의미이다. 따라서 먹는 즐거움을 공유하는 것은 곧 삶의 기쁨을 함께 나누는 것이다.

실제로 서유럽의 많은 사람들이 여가시간을 보내는 최고의 방법은 '휴가(vacances)와 식도락(gastromie)'이라고 생각한다. 그들에게 있어, 레스토랑에서의 외식은 단순한 '끼니 때우기'가 아니라 섬세한 미각을 가진 자신들의 혀를 만족시키면서 여가를 즐기는 문화적 삶의 일부분인 것이다. 서유럽인들이 바쁘다는 핑계로 패스트푸드를 이용하는 미국인들을 흉보는 이유도 먹는 즐거움을 문화로 보지 않는 그들을 천박하다고 여기기 때문이다. 서유럽인들은 와인 한 잔을 마시면서도 수백 가지의 형용사를 구사하면서 맛의 미묘한 차이를 표현하고, 친한 친구를 초대하여 식사를 대접하는 것이 삶과 사교의 중요한 부분이다. 이처럼 그들은 함께 먹고 즐기고 음식에 대한 의견을 교환하면서 서로 우정을 쌓아간다.

위의 예들을 통해, 우리는 서유럽인들이 얼마나 먹는 것을 좋아하고 즐길 줄 아는 사람들인지 알 수 있다. 이제 우리도 먹는 것이 생존의 수단이 아니라, 삶을 즐기는 문화가 될 수 있도록 '음식을 대하는 태도'부터 바꾸어야겠다. 그렇게 되면 우리들의 테이블매너도 함께 바뀔 것이다.

최근 한국인들의 테이블매너를 관찰해보면, 아직도 한국인들은 음식을 즐기는 것이 아니라 생존을 위한 수단으로 보는 것 같다. '식사食事'라는 한자어 그대로 먹는 것을 하나의 일(事)로 보는 것이다. 식당에 들어오자마자 맛있는 음식을 먹는 것을 기대하며, 조용히 기다리기보다는 "음식이 왜 빨리 안

나오는 거지!"라며 소리치고, "아가씨! 물 좀 줘!"라며 반말로 종업원을 대한다. 더 심한 것은 음식이 나오면 번갯불에 콩 구워 먹듯이 순식간에 해치우고는 이쑤시개로 점잖지 못하게 이를 쑤시곤 하는 것이다. 이런 모습들은 먹는 것을 에너지 충전을 위한 단순한 도구로 생각하는 것에서 비롯된 것이다. 먹는 것을 단순한 생존 차원의 에너지 충전으로 여기는 시각에는 배고픈 것과 배부른 것, 두 가지 생각만 있을 뿐, '어떻게 먹고, 먹는 것을 어떻게 즐기는가?'라는 생각은 전혀 담겨 있지 않다. 그렇게 때문에 일부 한국인들이 레스토랑에서 꼴불견인 행동을 하는 것이다.

좋은 테이블매너의 기본

좋은 테이블매너를 가지려면 먹는 행위는 적어도 배를 불리기 위한 행위가 아닌, 매너가 요구되는 '문화행위'라는 인식이 전제되어야 한다. 먹는 것을 배불리는 행위 정도로만 생각했을 때의 좋은 테이블매너란 '어떻게 하면 빠르게, 그리고 효과적으로 배를 부르게 할 수 있을까?'라는 생각에서 나온 방법이 될 것이다. 서양인들과 식사를 해보면 빠르게 음식을 후다닥 해치우는 법이 거의 없다. 서양에서의 테이블매너는 "천천히, 요리를 음미하면서 즐겨라!"라는 말에서 시작되기 때문이다. 실제로 서양의 가정에 초대받아 저녁 식사를 하게 되면 기본적으로 2시간에서 3시간 정도가 걸린다. 천천히 식사한다는 것은 상대방이 식사하는 속도에 보조를 맞추면서, 대화를 즐기며 식사를 하는 것이다.

테이블매너에서 그 다음으로 중요한 것은 음식에 대한 애정과 관심을 보이는 것이다. 음식 앞에서 이 음식의 유래는 어떻고, 어떻게 해서 맛이 나는지 등을 진지하게 이야기하면서 음식을 즐기라는 것이다. 따라서 식사초대는 식사 자체가 중요한 목적이 되어야지, 다른 행위, 예를 들면 로비나 사업을 하기 위한 절차로서 식사를 한다는 생각을 가지고 있다면 음식도 중요한 문화이며 우리 삶의 매우 중요한 부분이라는 사실을 놓치게 된다. 음식을 대접받았을 때 서양인들은 자신이 좋아하지 않는 음식에 대해서는 "맛이 없다."라고 말하기보다는 "내 입맛에는 맞지 않는다."며 취향의 차이로 돌려 솔직하게 표현한다. 여기에서 서로의 차이를 존중하는 서양문화를 엿볼 수 있다. 그러나 음식이 맛있다면 그들은 단지 "맛있다."라고만 이야기하지 않고 음식에 대해 구체적인 찬사를 늘어놓는다. "부드러운 고기와 소스가 참 잘 어울린다." "요리와 와인이 잘 어울렸다." 등의 구체적인 찬사를 보내는 것이다.

우리나라도 예전에는 먹을 것이 충분치 못해 '무엇을 먹을까?'가 중요했지만, 없어서 못 먹는 절대 빈곤으로부터 대부분 해방된 후에는 이제 '어떻게 먹을까?'를 고민하기 시작하고 있다. 즉, '먹는다'는 것에 많은 관심을 두는 것이 오늘의 현실이지만, 그럼에도 불구하고 많은 사람들은 아직도 '결과 중심적'으로 빨리빨리 배만 채우면 그만이다는 식이다. 그러나 이제는 우리들의 식사 문화를 '과정 중심의 문화'로 바꾸어야한다고 주장하는 사람들이 많아졌다.

우리는 흔히 테이블매너를 소화불량에 걸릴 정도로 우리들을 귀찮게 하는 까다로운 형식으로 간주한다. 그러나 테이블매너란 식탁에 함께 한 모든 사람들이 유쾌한 기분으로 식사할 수 있고, 즐거운 교제의 시간이 될 수 있게 하기 위한 서로의 약속이다. 음식의 맛은 재료나 요리사의 솜씨도 중요하지만 함께 식사하는 사람들의 매너에도 크게 영향을 받는다.

우리나라의 경우, 옛날 어른들은 흔히 아이들이 식탁에서 이야기를 하면 꾸중을 하시곤 했다. 어쩌면 먹을 것이 넉넉하지 못하니 음식에 대한 불평을 원천봉쇄하려고 그랬던 것은 아니었을까 추정해본다.

그러나 서양인들의 식탁에서 침묵은 가장 큰 적이다. 식탁에서 안주인은 재치를 발휘하여 대화에 활기를 불어넣어야 한다. 식탁은 음식을 먹는 자리인 동시에 서로를 깊이 이해할 수 있는 사교의 장이기 때문이다. 옆 사람과 대화를 나누지 않고 먹는 일에만 열중한다면 짐승과 다를 바가 무엇이 있겠는가? 단, 식사 중의 대화는 가볍고 재미있는 주제이어야 한다. 예를 들면 모두에게 공통적 화제인 날씨, 여행, 스포츠, 음악, 영화 등에 대해 이야기하는 것이 좋다. 그리고 일부 한국인들은 식사가 끝나자마자 자리에서 벌떡 일어나지만, 서양 사람들은 식후에도 장시간의 대화를 나누는 일이 많다. 식후 대화를 나누는 것이 소화에 큰 도움이 된다고 생각하기 때문이다.

물론 테이블매너에 엄격한 법칙이란 없으며, 매너를 어긴다고 벌금을 내는 것도 아니다. 테이블에 자리한 모두가 요리를 맛있게 먹도록 상대를 배려하면서 주위의 분위기를 더욱 즐겁게 하는 것이 테이블매너의 기본인 것이다. 한마디로 말하면, 테이블매너의 기본은 음식문화를 즐기는 태도이다. 레스토랑에서의 외식은 단순한 '끼니 때우기'가 아니라 섬세한 미각을 가진 자신들의 혀를 만족시키면서 여가를 즐기는 문화 행위여야 한다. 식탁에서 함께 식사하는 것은 단순히 함께 먹는 것 이상으로 함께 즐긴다는 의미도 가지고 있기 때문이다. 또한 테이블매너는 자기보호 및 안전장치이다. 식사를 하다보면 예상치 못한 불미스러운 일이 일어날 수도 있다. 상처를 입거나 옷을 더럽히거나 손을 데이거나 식탁에 와인이나 물을 쏟는 등 여러 가지 좋지 못한 사태가 발생할 수 있기 때문에, 테이블매너는 부지불식간에 실수하지 않도록 늘 몸에 배게 습관화하는 것이 아주 중요하다. 이제부터 테이블매너를 가정에 초대된 경우와 레스토랑에 초대된 경우로 나누어서 좀 더 구체적으로 살펴보겠다.

가정에 초대된 경우의 테이블매너

초대를 받으면 즉시 참석 여부를 알려주는 것이 좋으며 지정된 시간에 늦지 않도록 조심한다. 집안에 들어서면 우선 거실에서 식전주(아페리티프)를 마시면서 서로 소개를 하고 이야기를 나누다가 초대한 가정의 안주인이 식사 준비가 다 되었다고 알리면 모두 식탁으로 옮겨간다. 이처럼 본격적인 식사를 하기 전에 거실에서 술을 마시면서 초대받은 모든 사람을 기다렸다가 동시에 함께 식사를 시작하는 것은 나름대로의 의미가 있다. 가끔씩 우리나라 가정에서 초대받은 사람의 일부가 늦게 도착해 서로 당황해하는 경우가 있는데, 서양의 경우에는 식전주를 마시면서 늦게 오는 손님들을 기다림으로써 이러한 문제를 해결하기 때문이다.

식탁으로 자리를 옮길 때에는 서두르지 말고 주위의 여성들을 앞세우고 이동한다. 그리고 식당에 도착한 후에는 아무 자리에나 앉지 않고 식탁 주위에서 잠깐 기다린다. 서양에서는 식탁의 좌석 배치에 매우 신경을 쓰고, 그 위치 또한 엄격하게 정해져 있다. 영국식과 프랑스식의 좌석배치는 약간 차이가 있으나, 일반적으로 초대한 가정의 부인과 남편은 서로 마주보고 앉고 남편의 오른쪽에는 참석자 중에서 연령이 높고 사회적으로 가장 중요한 위치에 있는 여자 손님이 앉는다. 나머지 사람들은 남녀가 적당히 섞여 앉는데, 가능하다면 공통의 관심사, 개성, 인간관계 등을 고려하여 좌석을 배치한다. 유학 중에 필자가 서양의 가정에 초대받았을 때, 가장 정확하게 프랑스어를 발음하고 매우 천천히 말하는 사람의 옆자리에 필자의 자리가 배치되는 배려를 받아본 적이 있다. 얼마나 멋진 타인에 대한 배려인가! 그러나 다른 가정에 초대받았을 때에는 식탁에서 남편과 부인이 정면으로 마주보거나, 나란히 앉는 배치를 가급적 피한다. 식탁은 배고픔을 채우는 공간인 동시에 인간관계를 돈독하게 하는 사교의 장소이기도 하기 때문이다. 그러므로 매일 만나는 부부가 또 다시 초대받은 식탁에 함께 앉음으로써 다른 사람과 새로운 만남을 가질 수 있는 기회를 잃는 것은 어리석은 일이라고 할 수 있다.

또한 식탁에도 상석과 하석이 있다는 사실을 알아야 한다. 식탁의 양끝에는 남성이 앉는다. 미혼여성은 일반적으로 기혼여성보다 말석에 앉는다. 초대받은 사람이 많은 경우에는 미리 이름을 적은 쪽지를 만들어 식탁 위에 놓아두기도 한다.

식탁에 자리할 때는 초대한 가정의 안주인이 자리한 다음에 여성, 남성의 순으로 자리에 앉는다. 이때 남성들은 자신의 왼쪽에 앉을 여성의 의자를 가볍게 끌어내주어 여성이 먼저 앉도록 배려한다. 서양 에티켓의 핵심 중 하나가 '숙녀우선주의'이기 때문이다. 여성은 남성이 의자를 빼주면 왼쪽에서부터 의자 앞으로 들어가 앉으면 된다. 의자에 앉을 때에 왼쪽으로 들어가 앉는 것은 만국공통의 에티켓이다.

의자에 앉을 때는 모두가 몸과 테이블 사이의 간격을 바르게 하고 제대로 앉아야 한다. 어깨나 발꿈치를 뻗는 등 바람직하지 않은 모습이 연출되는 까닭은 대개 테이블과 몸 사이가 너무 멀거나 가깝기 때문이다. 테이블에서 가슴까지는 대개 주먹 두 개만큼의 거리를 두는 것이 적당하며, 허리를 깊숙이 하여 앉고 상체는 꼿꼿이 세운다. 이때 의자에서 몸을 흔들거나 의자의 등받이에 너무 기대어 앉지 않아야 한다. 그리고 다리를 꼬거나 흔드는 것도 보기에 좋지 않다. 손은 자연스럽게 테이블 위나 무릎 위에 올려놓는다. 그러나 팔꿈치를 테이블 위에 세우거나 턱을 괴는 등의 행동은 삼가는 것이 좋다.

레스토랑에 초대된 경우의 테이블매너

레스토랑의 어원

레스토랑Restaurant이라는 말은 프랑스어인데, 그 어원은 '레스토레restaurer'로 '부흥하다' '기력을 회복하다'라는 뜻을 지닌 동사이다. 프랑스 혁명이 일어나기 전인 1765년, 불랑제Boulanger라는 사람이 파리의 어느 골목에서 양羊과 소(牛)의 다리와 꼬리 등으로 만든 수프를 판매하면서, 간판에 '불랑제는 신비의 스태미나 요리(Restauratives)를 판매합니다.'라고 써 붙였다고 한다. 이 요리는 곧바로 시민들의 호응에 의해 상당한 인기를 얻게 되었는데, 어느 날 이 식당에 당시의 식당조합 간부들이 찾아와 "당신은 우리 조합에 가입되어 있지 않으니 문을 닫으라."는 통보를 했다고 한다. 불랑제는 이에 굴하지 않고 재판을 하여 이김으로써 이 'Restoratives'라는 음식은 더욱 유명해졌다. 이때 소문을 들은 루이 15세까지도 이 요리를 즐겨 먹었다고 하는데, 그 후 Restoratives가 변해 오늘날의 Restaurant이 되었다 한다. 즉, 레스토랑이란 '신비의 스태미나 수프요리를 파는 식당'이라는 의미에서 유래된 것이다.[22]

레스토랑 문화

문화라는 말은 인간이 사회를 형성하여 살면서 만들어낸 모든 정신적, 물질적 산물을 총칭하는 개념이다. 식사문화를 말할 때, 우리말로 '식사'는 한자어로 '먹는 일'이다. 일은 노동이고, 노동은 생존의 문제를 해결하기 위한 행위이다. 우리는 하루 중 8시간 일하고, 8시간 잠자고, 8시간 동안 여가를 즐기고 문화를 향유하는 것이 인간의 이상적인 삶이라고 생각한다. 먹으면서 즐기는 것이 바로 문화를 향유하는 시간인데, 그것을 먹는 일, 즉 노동으로 취급하는 것은 식사문화에 대한 모독이다. 그런 의미에서 레스토랑은 '원기를 회복시키는 일'을 하는 작업장이 아니라, 여유 있게 먹는 즐거움을 누리는 장소여야 한다. 따라서 레스토랑은 분명 '문화적 공간'이므로, 레스토랑에서는 무릇 문화인으로 행동해야 하는 것이다. 가끔 레스토랑에서 종업원을 인격적으로 대하지 않고 반말을 하면서 아랫사람 대하듯 하는 사람들을 만날 수 있는데, 그러한 태도는 문화를 향유하는 올바른 자세가 아니다. 우리는 레스토랑에서 돈으로 음식이나 서비스를 살 수는 있지만 종업원의 인격까지 살 수 있는 것은 아니라는 사실을 잘 알아야 한다.

레스토랑을 문화공간으로 생각하면 레스토랑 종업원을 인격적으로 존중할 수 있고, 그들의 통제에도 잘 따라줄 수 있다. 그리고 레스토랑에서 식사를 하고 나올 때는 "잘 먹었습니다."라는 인사를 꼭 하고 나온다. 왜냐하면 돈을 내고 음식을 먹기는 했지만, 먹는 동안 즐거움을 누렸다면 고마운 일이기 때문이다. 이런 행동들이 레스토랑에서 보여주어야 할 좋은 매너이다. 그 외에 좀 더 구체적으로 레스토랑에서 지켜야할 에티켓과 일반적인 매너들을 레스토랑을 이용하는 순서대로 나열해본다.

레스토랑에서의 매너

- 레스토랑을 이용할 때는 사전 예약을 한다. 초대한 사람과 함께 레스토랑에 갔을 때 식당의 사정으로 기다리게 되면 그 사람에게 큰 실례가 되기 때문이다. 그리고 예약을 할 때는 식당에 먼저 명확히 이름을 알려준 후, 식당을 이용할 인원수와 일시를 정확히 알려줘야 한다.

- 레스토랑에서의 복장은 정해져 있는 것이 아니지만 여러 사람이 동석하여 식사를 할 때 다른 사람에게 불쾌감을 주지 않는 최소한의 복장매너를 지켜야 한다. 복장매너의 핵심은 시간과 장소 그리고 상황에 맞는 차림새를 하는 것이다. 특히 고급 레스토랑에 운동복 차림이나 등산복 따위의 차림으로 입장하면 거절당할 수도 있다. 레스토랑은 나 하나만을 위한 장소가 아니라 대중을 위한 장소, 즉 '문화공간'이기도 하기 때문이다.

- 레스토랑에 들어서면 안내원(리셉셔니스트)이나 수석 웨이터(지배인)의 안내를 받아 자리에 앉는다. 레스토랑에 들어가자마자 여기저기 기웃거리며 아무 좌석에나 앉으면 레스토랑 측에서 아주 난처해한다. 왜냐하면 그 좌석이 예약되어 있거나 그렇지 않으면 손님이 한 곳에 집중

되어 특별히 한 웨이터에게만 일이 집중될 염려가 있고, 그렇게 되면 서비스를 하는 데 지장이 생기기 때문이다. 파리의 한 식당에는 "대기실에서 기다리세요"라는 한국어 표지판을 입구에 붙여놓았다고 한다. 얼마나 많은 한국 관광객들이 안내도 받지 않고 아무 자리나 차지했으면 레스토랑의 입구에 한국말로 쓰인 표지판을 붙여놓았겠는가? 만약 안내받은 테이블이 마음에 들지 않을 때 웨이터에게 "저 쪽은 어떨까요?"라고 말하면 사정에 따라 자리를 바꾸어주기도 한다.

- 레스토랑의 좌석에도 상석이 있다는 사실을 알아야 한다. 따라서 좌석을 정할 때는 손님 중에 누가 제일 중요한 분인가를 생각해야 한다. 대개 통로의 반대쪽이나 전망이 좋은 자리가 상석이다. 식사할 때 어느 좌석에 앉느냐에 따라 기분이 달라지기 때문에 자리배치는 매우 중요하다. 보통 주빈은 가장 나이가 많은 부인이지만, 호스트와 초면인 손님이나 사회적인 지위가 높은 사람 등이 주빈이 될 수도 있다. 주빈의 친척, 친구 그리고 가족들은 말석에 앉는다. 그리고 남성과 여성은 섞여 앉는다. 가장 중요한 여자 주빈은 남자 주빈의 좌측에 앉고, 그 다음 중요한 여자 주빈은 남자 주빈의 우측에 앉는다. 부부가 초대받았을 때는 보통 대각으로 마주 앉는다.

- 보통 웨이터가 맨 먼저 빼주는 의자가 상석이다. 웨이터가 없을 때는 남자가 주빈 또는 여자들의 의자를 뒤로 빼줘야 한다. 사람들의 왕래가 많은 통로 쪽이나 출입문에

서 가장 가까운 곳은 말석이다. 상석을 지정받았을 때 지나칠 정도로 사양하는 것은 오히려 실례가 될 수 있다. 여성이 착석할 때는 남성이 도와준다.

- 테이블에서 가슴까지는 대개 주먹 두 개 정도의 간격을 두고 떨어져 앉는다. 식사가 시작될 때 의자를 옮기는 행동은 좋지 않다. 테이블에서 한 사람이 차지하는 거리는 대략 60~70cm가 기준이다. 따라서 식사 중 몸을 움직이는 범위는 약 70cm를 넘지 않는 것이 좋다.

- 여성의 핸드백은 등과 의자 사이에 놓아둔다. 식당에 들어갈 때는 가방, 모자, 외투 등은 가지고 들어가지 않고 클라크 룸clock room23)에 맡기는 것이 원칙이다. 레스토랑은 어디까지나 식사를 하는 곳이므로 식사하는 데 지장이 되는 것은 가지고 들어가지 않는다. 그러나 여성의 핸드백은 의자와 허리 사이에 놓아두는 것이 가장 좋은 방법이다. 등받이가 없는 의자라면 의자 밑에 놓아둔다. 가능하다면 핸드백걸이를 사용하는 것도 좋다.

- 냅킨은 식탁에 앉자마자 성급하게 펴는 것이 아니다. 식탁 전체를 둘러보고 함께 식사하는 전원이 안정된 상태가 되었으면 냅킨을 펴지 않은 상태로 무릎 위에 가져와 조용히 편 후 반으로 접어진 쪽을 자기 앞으로 놓는 것이 매너이다.

- 메뉴를 천천히 보는 것도 매너이다. 일반적으로 알아두어야 할 메뉴의 구성은 전채, 수프, 생선요리, 육류요리, 샐러드, 디저트, 커피 순으로 되어 있다. 대개 이러한 순서

에 입각하여 한 가지씩 선택한다.

- 식사 중에 얼굴 또는 머리를 만지거나, 다리를 포개는 것은 좋지 않다. 빵 같은 것을 손으로 먹는 서양 사람들의 경우에는 기름이나 머리때가 손에 묻는 것을 지극히 비위생적으로 생각하기 때문이다. 음식을 먹을 때 상체를 지나치게 앞으로 숙이는 것도 좋지 않다. 또한 식탁 위에 팔꿈치나 손을 얹어놓거나 포크 또는 나이프를 손에 든 채 식탁 위에 팔을 얹어놓아서도 안 된다. 식사 중에 사용하지 않는 손은 언제나 무릎 위에 놓아두는 습관을 들이도록 노력해야 한다. 그리고 식탁에서 다리를 꼬는 일은 절대 금물이다. 왜냐하면 다리를 꼬게 되면 냅킨이 밑으로 떨어지기도 하고, 다리가 식탁을 쳐 수프를 엎지를 위험도 있기 때문이다.

서양 정식 테이블의 구성

동서양을 막론하고 각국 정상들의 정식 연회에서는 프랑스 요리를 내놓는 것이 관례이다. 이는 일찍이 유럽제국이 왕들에 의해 다스려지던 시대에 왕실의 궁중요리사는 대부분 프랑스인이었기 때문에 생겨난 전통이다. 오늘날 프랑스 요리는 세계 각국의 요리 중에서 가장 훌륭한 것으로 정평이 나 있다. 프랑스 요리의 특징은 맛, 향, 모양이 뛰어나며 이와 어울리는 와인의 종류가 매우 다양하다는 점이다.[24] 따라서 서양정식이라면 프랑스식 '풀코스full Course'인 '따블 도트Table d'hôte'를 가리키는 것이 일반적이다. 이것은 '일품 요리(à la carte)'[25]와 달리 각 코스별로 정해진 요리가 차례로 제공되는 것을 말하는데, 프랑스어로 된 이름을 직접 사용하는 것이 특징이다. 손일락 교수는 이것을 '시간 계열형 식단'이라고 표현하고, 이에 비해 우리의 식탁은 '공간 전개형 식단'이라고 말한다.

사실 우리가 서양인들에게 사전에 아무 말도 하지 않고 한국 식당에 데려가면 서양 사람들은 우선 짠 국부터 마신 다음, 아무 맛도 없다고 고개를 저으며 싱거운 밥을 먹는다. 이때 조심스럽게 우리에게 소금을 부탁하고 밥 위에 그것을 조금씩 뿌리면서 먹는데, 계속 내버려두면 밥상 위의 간장을 집어와 먹으려고 한다. 이쯤 되면 서양인들에게 우리의 식탁에서는 음식을 '동시다발적'으로 먹는다는 것을 가르쳐 주어야 한다. 다시 말하면 한국음식이 가지고 있는 상호보완적인 성격, 즉 '밥은 찬을 위해 존재하고, 찬은 밥을 위해 존재한다'는 사실을 말해주어야 하는 것이다. 이와 반대로 우리가 서양 식탁에 앉게 되면 코스에 따라 음식이 계속 제공된다는 사실을 모르고, 전채 요리부터 잔뜩 먹다보면 식사의 하이라이트 코스인 스테이크 같은 육류요리는 손도 못 대보는 일이 벌어진다.

이러한 현상을 막기 위해, 우선 일반적인 서양정식의 각 코스별 요리를 나열해 본다. 표기는 영어를 위주로 하되, 프랑스어가 광범위하게 사용되는 현실을 감안하여 프랑스식 표기를 덧붙인다. 그리고 서양의 정식 테이블에서 식사에 동반되는 술은 세 종류로 식전주, 식중주(와인) 그리고 식후주가 있다.

- 식전주(aperitif, apéritif) : 식사 전에 분위기를 익히거나 식욕을 돋우기 위해 마시는 술

  1. 전채前菜요리(애피타이저appetizer, 오르되브르hors d'oe- uvres) : 식욕을 돋우고, 소화를 촉진시키기 위하여 본격적인 식사 전에 먹는 음식

  2. 수프soup(뽀따쥐potage)

  3. 생선 요리(fish, 쁘와송poisson)

  4. 셔벗sherbet(소르베sorbet) : 풀코스의 생선요리와 육류요리 사이에 제공되어 입가심용으로 먹는 것

  5. 육류 요리(meats) : 주로 스테이크steak

  6. 샐러드salad(살라드salade)

  7. 치즈cheese(프로마쥬fromage)

  8. 디저트dessert(데쎄르dessert)

     ① 과자류(sweet, 앙트르메entremets)

     ② 과일류(fruit, 프루이fruits)

     ③ 커피와 홍차(coffee and tea, 까페 에 떼 후즈café et thé rouge)

- 식후주(digestif, 디제스티프digéstif) : 소화를 촉진시키기 위하여 독한 브랜디brandy나 리큐어liqueur를 마신다.

  ※ 빵은 수프를 먹고 난 후, 요리와 함께 시작해서 디저트를 먹기 전에 끝낸다.

  ※ 식중주로는 와인을 마신다.

와인매너를 알면 비즈니스가 쉽다

.

　서양 사람들과 함께 하는 식사에서 가장 큰 적은 말하지 않고 밥만 먹는 것, 즉 침묵이다. 식사에 초대한 안주인은 음식을 맛있게 준비하는 것도 중요하지만, 식탁에서 대화가 활기차게 이루어지도록 끊임없이 대화의 주제를 공급하는 재치도 발휘하여야 한다.

　식탁은 음식을 먹는 장소이기도 하지만, 동시에 서로를 깊이 이해할 수 있는 사교의 장이기도 하다. 그러나 이때 대화의 주제는 가볍고 재미있어야 한다. 식탁에서 함께 식사를 하는 모든 참석자가 관심과 흥미를 가질 수 있는 것이라면 대화하기에 가장 좋은 주제가 될 것이다. 물론 식탁에서도 정치나 종교 등 반드시 피해야 할 주제가 있다. 정치와 종교는 각자의 신념에 따른 문제로 다른 사람에게 자신의 생각을 강요할 수 없는 것이기 때문이다. 그러므로 정치나 종교 이야기를 계속하면 식탁의 분위기가 험악해질 수도 있다. 그 밖에도 돈 문제나 병에 관한 이야기, 남을 공격하는 이야기 등도 피하는 것이 좋다. 식탁에서의 바람직한 대화 주제는 날씨, 여행, 스포츠, 시사, 문화, 취미 등과 같이 가벼우며 누구에게나 공통으로 관련되는 것들이다.

본격적인 대화에 돌입하기 전에 식탁에서 대화 주제로 삼기에 가장 좋은 와인에 대해 이야기하면 분위기를 쉽게 잡아갈 수 있다. 왜냐하면 서양 사람들이 "와인 없는 식탁은 태양 없는 세상과 같다." "와인 없는 세상은 애꾸눈인 미녀와 같다."라고 말할 정도로 와인은 그들의 식탁에서 빠질 수 없는 중요한 음료이기 때문이다. 서양의 식탁에서 와인은 매우 중요한 '식중주', 즉 식사와 함께 하는 술이다. 그러므로 식탁에서의 와인 이야기는 누구에게나 공통적인 화제이며, 프랑스 사람들의 대부분은 와인에 일가견이 있다. 따라서 와인에 대해 잘 아는 것도 테이블매너의 매우 중요한 부분이다.

와인은 자연 그대로의 포도로 만든 술로, 플라톤이 말한 것처럼 '신이 인간에게 준 최고의 선물'이다. 이스라엘에는 "와인을 마시고 있는 시간에 당신의 마음은 쉬고 있다."라는 속담도 있다. 이 세상에서 가장 위생적이라고 말할 수 있는 음료인 와인은 서양의 식탁에서는 필수적인 테이블매너의 요소이며, 술이기 전에 사람과 사람을 이어주고 식탁의 분위기를 매우 부드럽게 해주는 훌륭한 매개체이다. 다른 독한 술과 달리 와인은 자연스럽게 대화의 분위기를 조성하여 마음과 마음을 열고 서로에 대해 보다 많은 것을 알게 해줌으로써 사람들을 좀 더 가까운 관계로 만드는 묘한 매력을 지니고 있다.

와인을 단지 서양 문화에 '맹목적으로 미친' 사람들의 고상한 취미라고 냉소적으로 보기 전에, 와인이 서양 사회에서 차지하는 부분이 대단히 크다는 사실은 인정해야 한다. 특히 국경 없이 비즈니스가 이루어지는 글로벌 시대를 맞이하여 와인은 국제 비즈니스에서 매우 중요한 문화적 매개체로 자리잡아가고 있다는 것을 잊지 말아야 한다.

국제매너 컨설턴트인 박준형은 와인이 한국 사람들의 입맛에 맞지 않는 이유를 다음과 같이 3가지로 지적하고 있는데,[26] 이 분석은 매우 흥미롭다.

첫 번째 이유는 한국 사람들이 술을 마시는 과정보다는 결과를 중요시하기 때문이라는 것이다. 즉, 술을 마시는 과정을 중요하게 여기기보다는 '술에 취하는 것'을 목표로 돌진하여 그 결과를 중요시한다는 것이다. 이러한 성향 때문에 한국 사람들은 와인과 친해지지 못한다고 한다.

한국 사람들은 마시는 술의 종류보다 술을 마시는 행위 자체를 더 중요하게 생각하기 때문이라는 것이 두 번째 이유이다. 술은 음식을 더욱 맛있게 먹고, 원활한 대화를 하기 위한 윤활유이다. 그러므로 이제는 술을 마시기 위해 안주를 먹는 음주문화에서 탈피하여 식사를 즐기기 위해 술을 마시는 새로운 음주문화를 만들어가야만 한다.

한국 사람들이 와인을 기피하는 마지막 이유는 자신의 취향에 맞는 와인의 구입과 선택의 어려움 때문이라 한다. 실제로 와인은 공부를 많이 해야 잘 즐길 수 있고 기다릴 줄 알아야 제대로 마실 수 있는 술이다. 와인은 훌쩍 마셔버리면 그만인 소주와는 달리 천천히 그 맛을 음미하면서 마셔야 하기 때문이다. 와인은 사오자마자 마시기보다는 잘 보관해두었다가 마시는 것이 좋고, 소주와 달리 일단 병을 따면 다 마셔야 하는데, 와인의 이러한 특징들로 인해 '기다림의 미학'을 아는 자만이 와인을 잘 마실 수 있다는 말이 나오게 된 것이다.

와인은 흔히 여인네들의 삶과 비유되곤 한다. 평균 100년 정도가 포도나무의 일생이라고 하는데, 와인을 만들기에는 16년생에서 50년생의 포도나무가 적합하다고 한다. 즉, 와인을 만들기에 적합한 포도나무의 나이가 여성의 생식기간과 거의 맞아떨어지기 때문에 그런 비유가 나온 것 같다. 또한 와인을 마실 때 프랑스 사람들은 "이 와인은 18세 소녀같이 상큼하군!" "이 와인은 50세의 여인처럼 편안함이 느껴지는군!"이라고 표현하기도 한다.

2002년에 '와인 기사'[27)의 작위를 받은 넥스트미디어 그룹 김영일 회장은 와인을 우리네 인생과 비교한 바 있다. 그에 의하면 '와인은 살아 있는 생물'이다. 왜냐하면 와인은 사람처럼 나고 자라고 또 병 속에서 숨을 쉬기 때문이다. 또한 그는 "와인에도 인생의 역경이 있다."며 와인을 사람의 인생에 비유한다. 그는 포도나무가 "척박한 땅에서 살아남기 위해 더 깊이 뿌리를 내리고, 고난과 역경을 이겨낸 뒤 달콤한 열매를 맺는" 것은 사람이 "인생에서 승리하는 과정을 보여주는" 것이라고 설명한다. 그는 마지막으로 와인에는 '기다림의 미학이 있다'는 측면에서 와인이 우리의 인생과 유사하다고 말한다. 와인에는 "절정의 순간을 위하여 숙성을 통해 감질나게 기다리는 설렘"이 있다. 이런 점에서 와인은 "최고의 맛을 내기 위하여 인내하는 과정이 우리의 인생과 너무 닮았다."고 한 것이다[28].

와인에 대한 예찬을 계속해본다. '와인을 마시면 심장이 좋아진다'는 연구 결과가 많이 나와 있다. 위스키나 맥주가 혈당량을 극도로 높이고 살을 찌게 하는 위험한 술이라면, 와인은 조금씩 매일 마시면 오히려 심장을 튼튼하게 해주는 술이라고 한다. '와인 속에는 지방질이 동맥에 쌓이는 것을 차단하는 성분이 들어있다'거나, '와인이 A형 간염을 예방하는 효과가 있다'는 등 와인이 건강에 좋다는 이야기도 많이 들린다. 실제로 프랑스인들이 다른 유럽인들에 비해 심장관계 질병이나 간염 발병률이 훨씬 낮다는 통계가 이를 뒷받침한다. 프랑스는 와인의 종주국답게 '프렌치 패러독스'란 말이 있을 정도이다. 프랑스인들은 다른 나라 사람들 못지않게 담배를 즐기고 기름진 음식을 많이 섭취하는데도 심장질환을 앓는 비율이 상대적으로 낮게 나타나는데, 이러한 현상을 일컬어 프렌치 패러독스라고 한다. 프렌치 패러독스의 핵심 요인으로는 레드 와인이 손꼽힌다. 프랑스인들은 식사할 때 습관적으로 마시는 레드 와인 덕분에 심장질환에 잘 걸리지 않는다는 것이다.

와인은 몸에 좋을 뿐만 아니라 정신 건강에도 좋다고 한다. 와인은 인간의 성품을 와인 향기와 와인 빛깔처럼 만든다고 하는 반면에 우리가 자주 마시는 소주는 독한 만큼 인간의 성품을 거칠고 황폐하게 만드는 술이 아닐까 한다. 소주는 서로 처음 만난 사람들의 서먹한 관계를 원활하게 풀어주는 대화용이라기보다는, 술에 취해서 소리치며 울분을 토하고 스트레스를 풀기 위해 마시는 술인 것 같다. 그러나 와인은 대화를 하면서 마시기에 제격인 술이다. 독한 소주와 달리 부드러운 와인은 마시는 사람의 성품을 부드럽고 좋게 만들고 풍부한 사고력과 창의력을 발휘할 수 있게 한다. 또한 와인은 소주와 달리 많이 마셔도 예술적 영감이 떠오르며 그 영감을 그림이나 시로 옮길 수 있다. 와인 몇 잔을 마셨다고 하여 그림을 그리지 못하거나 글씨를 쓰지 못하는 경우는 드물기 때문이다.

세계 여행을 하다보면 술에 관한 한 가지 재미난 사실을 확인할 수 있다. 북쪽 지방으로 여행을 가보면, 그 지방 사람들은 추위를 이기기 위해 아침부터 독한 술을 마시며 밖으로 나오지 않고, 방 안에 앉아 삶의 존재이유를 따지다보니 당연히 철학이 발달했다는 것을 알 수 있다. 실제로 추운 지방에 사는 사람들이 낭만보다는 난폭함을, 예술보다는 철학을 좋아한다는 사실은 잘 알려져 있다. 그러나 남쪽 지방에 사람들은 독주보다는 부드러운 와인을 주로 마시는데, 이것은 당연한 일이다. 더운 여름에 소주를 마셔보았던 경험이 있는 사람들은 고

개를 끄덕거릴 것이다. 그들은 날씨가 좋으니까 집 밖으로 나온 것이고, 야외에서 와인을 마시며 삶을 즐기다보니 당연히 예술이 발달했던 것이다. 와인은 예술을 이야기하면서 마시기에 제격인 술이기 때문이다.

그러나 와인은 적당히 마시는 것이 무엇보다도 중요하다. 그리스 신화에서 술의 신 디오니소스는 나뭇가지를 새의 뼈 속에 감추었다가 다시 사자의 뼈 속에 감추었고, 그리고 마지막으로 당나귀 뼈 속에 감추었다. 이 나뭇가지를 심은 것이 최초의 포도나무가 되었고 여기에서 난 열매를 따 와인을 빚었다. 그래서 사람이 술에 취하면 처음에는 새처럼 재잘대다가 좀 더 취하면 사자처럼 난폭해지고 더 취하면 당나귀처럼 바보스러운 행동을 한다는 말도 있다.

새로운 21세기를 맞이하면서 음주에 대한 생각이 젊은이들을 중심으로 바뀌어가고 있다. 소주, 양주 그리고 폭탄주 같은 독주를 마시면서 '취함'을 향해 나아가는 '결과 중심의 음주문화'가 사라지고 맥주나 와인 같은 낮은 도수의 술을 마시는 '과정 중심의 음주문화'가 형성되고 있다. 이것은 예전에는 취하기 위해서나 무엇인가를 잊기 위해, 또는 무언가를 축하하기 위해 술을 마시는 사람들이 많았다면, 이제는 건강과 대화를 위한 삶의 윤활유로서 음식과 곁들여 술을 즐기려는, 즉 술을 마시는 과정을 중시하는 사람들이 늘어가고 있다는 사실을 보여주는 것이다.

서양인들에게 있어 와인은 술이라기보다는 음식이다. 와인은 일상의 식탁에 올라 입맛을 돋우며 수분을 공급해줄 뿐만 아니라 식탁에서 사람과 사람을 이어주기도 한다. 와인을 알면 비즈니스가 즐겁다고 말하는 CEO들이 많다. 이는 와인이 글로벌 시대의 국제 비즈니스에서 중요한 문화적 매개체라는 뜻일 것이다.

레스토랑에서 와인의 선택과 시음은 손님을 초대한 사람(host)의 몫이다. 여성이라면 와인을 잘 아는 남성에게 이를 부탁할 수도 있다. 음식에 따라 와인을 선택하는 방법도 달라지는데, 일반적인 원칙은 붉은 색깔의 고기와는 레드 와인이, 흰색의 생선요리와는 화이트 와인이 잘 어울린다고 한다.[29] 또한 전채요리와는 드라이한 화이트 와인이나 스페인산 와인인 셰리주가 좋은 반면, 디저트용으로는 스위트한 와인을 선택하는 것이 좋다. 그리고 화이트 와인을 가미한 요리나 소스에는 화이트 와인을, 레드 와인을 가미한 요리에는 레드 와인을, 이탈리아 요리에는 이탈리아산 와인을 선택한다. 그러나 와인을 선택하는 것이 이처럼 항상 쉬운 것만은 아니다. 남녀가 뒤섞인 그룹에서는 일반적으로 남자가 회식 중인 사람들의 의견을 들어 와인을 선택한다. 전문식당에서라면 소믈리에sommelier[30]라 불리는 와인전문가의 도움을 청할 수도 있다.

소믈리에가 와인을 가져와 주문한 사람의 잔에 4분의 1 정도를 따르면, 손님은 와인의 향을 음미하고 냄새를 맡아본다. 그 후 와인에 별다른 이상이 없으면 가볍게 머리를 끄덕여 동의의 사인을 보낸다. 이것을 '호스트 테이스팅'이라고 한다.

그런 다음에야 비로소 와인이 회식 중인 모든 사람들에게 제 공된다. 소믈리에가 와인을 서비스하는 순서는 상석의 여성에 게 가장 먼저 따르고, 이어서 시계방향으로 여성들에게 따라 준 다음, 같은 순서로 남성들에게 따른다. 이러한 과정에서 코 르크에서 냄새가 난다든가, 와인이 변질되었다든가 등 와인에 문제가 있다면 손님은 주저 없이 다른 것으로 요구할 수 있다. 이것은 조금도 실례되는 일이 아니다. 와인이 상하거나 변질되 는 것은 흔히 있을 수 있는 일이기 때문이다. 그리고 식탁에서 와인을 마실 때에는 다음과 같은 몇 가지 매너가 요구된다.

- 누군가가 와인을 따라줄 때 글라스를 들어 올리거나 기 울여서는 안 된다. 서양에서 잔을 들어 올리는 것은 잔 이 더럽다는 항의의 표시라 한다. 따라서 소믈리에가 와 인을 따라줄 때 잔을 들면 미안하다고 하면서 잔을 빼 앗아간다. 그렇다면 누군가가 와인을 따라줄 때는 어떻 게 해야 하는가? 그럴 때에는 미소를 띠고 잔을 바라보 기만 하면 되는데, 이것이 어색하게 여겨지면 잔의 밑부 분을 살짝 잡으면 된다.
- 와인을 사양할 때는 글라스의 가장자리에 가볍게 손을 얹어 '그만 되었다'는 표시를 한다. 처음부터 술을 사양 한다는 의미로 잔을 엎어놓는 사람들이 간혹 있는데 이 는 보기에 좋지 않다.
- 와인을 글라스에 따를 때는 글라스의 3분의 1만 따른다.

왜냐하면 잔의 나머지 공간에는 와인의 향기가 머물러
야 하기 때문이다.

- 와인은 품질이 좋을수록 앙금이 생기게 마련이다. 따라
서 와인을 따를 때에는 앙금이 뜨지 않도록 천천히 따
라야 하며, 밑바닥에 남은 와인은 병에 조금 남겨둔다.
와인을 마실 때도 항상 잔 바닥에 와인을 약간 남겨두
어 찌꺼기를 마시지 않도록 한다. 또한 와인을 서빙할
때는 와인이 줄줄 흐르거나 콸콸 소리가 나지 않도록
조심스럽게 따른다.

- 화이트 와인은 대개 첨잔하지 않는다. 그 이유는 화이트
와인은 차게 해서 마시는 술이기 때문이다. 그러나 레드
와인은 계속 첨잔하여도 좋다.

- 남성은 자신의 오른쪽에 앉은 여성의 와인 잔이 비워졌
을 때 곧 따라줘야 하는 의무를 지닌다. 왜냐하면 여성
들은 가급적 자작하지 않는 것이 원칙이기 때문이다.

- 음식을 씹으면서 와인을 마시면 안 된다. 왜냐하면 음식
을 입안에 넣은 채 와인을 마시면 와인 특유의 섬세한
맛을 느낄 수 없을 뿐만 아니라 글라스에 지저분한 것
이 묻을 수도 있기 때문이다. 특히 여성들은 립스틱이
잔에 묻지 않도록 조심하고, 만에 하나 묻게 되면 엄지
손가락으로 조용히 닦아내야 한다.

- 와인 한 병은 보통 와인글라스로 7~8잔이 나오므로 사
람 수에 따라 적당한 양을 주문하도록 한다.

- 잔을 코에 가까이 대고 살짝 흔들어 와인의 향기를 맡

는다. 이때 와인 잔을 지나치게 흔들면 경망스러워 보일 수 있으니 조심하여야 한다. 잔을 흔드는 이유는 향기가 잔 밖으로 퍼지는 것을 막아 자신의 코로 직접 들어오게 하려는 것이다.

■ 와인을 단숨에 마시지 않고 한 모금씩, 입안에서 한두 번 굴려가며 천천히 음미하면서 마신다.

■ 와인은 '식중주'이므로 음식을 먹다가 와인을 마실 때에는 냅킨 한 귀퉁이로 입가의 기름기를 가볍게 닦아내고 마신다. 이는 잔에 기름기가 묻지 않도록 하기 위해서이다.

■ 와인을 마실 때는 잔의 몸체가 아닌 다리 부분을 잡고 마신다.

■ 초대를 받았을 경우에는 간간이 와인의 맛에 대한 칭찬을 하여야 한다. 이렇게 하여 초청한 사람의 불안감을 덜어주는 것은 매우 세련된 매너이다. 그리고 레스토랑에서 고급 와인을 마셨을 경우에는 소믈리에를 위해 한 잔 정도의 양을 남겨두는 배려도 세련된 매너라고 할 수 있다.

지금까지 우리는 매너가 단순한 겉치레가 아닌 일상적이면서도 총체적인 문화라고 보고, 우리들의 삶에 필요한 다양한 매너들을 살펴보았다. 매너는 여유 있을 때 배워두면 좋을 단순한 교양이 아니라, 매너가 몸에 밴 사람은 인간을 중요하게 생각하고, 사람들과 어울려 사는 방법을 아는 사람이 될 것이다. 왜냐하면 매너의 핵심은 타인에 대한 배려이기 때문이다.

주

1) "널뛰기-경쟁과 협력의 하나 되기", 「중앙일보」, 2001.8.24, p.8.

2) 5세에 왕이 되어 72년간 왕좌에 있었던 루이 14세는 절대왕권시대에 많은 권력을 행사했다. 그가 남긴 "짐이 곧 국가다."라는 말은 유명하다. 그가 베르사유 궁전으로 옮겨간 것은 1682년이었다. 왕은 젊은 시절 한 영주와 귀족들의 반란을 겪은 경험이 있어 귀족들을 믿으려 하지 않았다. 궁의 중요한 자리에는 파리의 중산 계급층을 뽑아 썼으며, 귀족들을 매일 저녁 궁정의 파티에 초대하여 에티켓으로 묶어 두려는 정책을 폈다. 베르사유 궁전에는 '거울의 방'이 있는데, 그곳에서 매일 저녁마다 귀족들을 초대하여 파티를 열었다고 한다. 베르사유 궁전에는 평상시에도 1,000명의 영주나 귀족들과 그들의 신하들이 모였는데, 많이 모인 경우에는 그 수가 4,000명에 이를 때도 있었다고 한다. 그러나 당시 화장실이 부족하여 사람들은 잔디에 들어가 용변을 보았고, 그것도 귀찮으면 계단 밑에서 '실례'를 했다. 정원사가 가꾼 정원이 이와 같이 귀족들에 의해 짓밟히고 더럽혀지자 통로를 안내하는 푯말이 세워졌는데, 그것을 '에티켓'이라 불렀다고 한다. 처음에는 그것에 아무도 주의를 기울이지 않았으나 나중에는 궁의 윗사람들이 푯말을 모두 지키기로 결정하여, 이후부터 '에티켓을 따라가다.'라는 말이 쓰이게 되었다고 한다.

3) 삼강오륜三綱五倫 : 삼강三綱은 부위자강父爲子綱(아들은 아버지를 섬기는 것이 근본이다), 군위신강君爲臣綱(신하는 임금을 섬기는 것이 근본이다), 부위부강夫爲婦綱(아내는 남편을 섬기는 것이 근본이다)이며, 오륜五倫은 군신유의君臣有義(임금과 신하는 의리가 있어야 한다), 부자유친父子有親(아버지와 아들은 친함이 있어야 한다), 부부유별夫婦有別(남편과 아내는 분별이 있어야 한다), 장유유서長幼有序(어른과 어린이는 차례가 있어야 한다), 붕우유신朋友有信(벗과 벗은 믿음이 있어야 한다)이다.

4) 조신영, 『성공하는 한국인의 7가지 습관』, p.90.

5) 박한표 외, 『현대인과 국제매너』, pp.4-5.

6) 허은아, 『All about manner』, p.33.

7) 참고: 같은 책, pp.35-52.

8) 참고: 박영근, 『말 통하는 세상에 살고 싶다』 1, pp.105-107.

9) 영어의 civilising(프랑스어로는 civilisé 또는 cultivé)은 '문명화되다'는 뜻이며 그 반대말은 '바르바르barbare', 즉 '야만적인 상태'를 뜻한다. 따라서 '문명화된다'는 것은 인간의 동물적 본능이라는 자연 상태를 억압한다는 뜻이다.

10) 예를 들면 뼈를 뜯어먹다가 그릇에 다시 내려놓거나 바닥에 버려서는 안 되며, 식사 중에 콧소리를 내거나 입맛을 다셔서도 안 된다. 그리고 음식을 먹던 손으로 귀나 코를 만져서도 안 된다.

11) 당시 포크는 상류층 귀족들만 사용하던 도구였다. 11세기에 베네치아 총독이 그리스 공주와 결혼할 때 비잔틴에서 도입된 포크는 당시 많은 성직자들의 반감을 불러일으키기도 하였다. 서민층에서는 16세기에 이르기까지도 공동 음식 그릇에서 손가락으로 음식을 집어먹는 식습관을 그대로 유지하고 있었다.

12) 귀족 계급의 매너를 어설프게 모방하는 사람들을 지칭하는 '프레시외précieux'라는 말까지 생겼을 정도이다. 몰리에르는 당시 귀족들의 매너를 어설프게 흉내내는 부르주아지들의 모습을 적나라하게 보여준 작가이다. 대표작으로 『아내의 학교』(1662), 『타르튀프』(1664), 『수전노』(1666) 등이 있다.

13) 노블레스 오블리쥐의 개념은 19세기 프랑스 사실주의 소설가로 유명한 오노레 드 발자크의 소설 『골짜기의 백합』에서 모르소프 백작 부인이 아들과도 같은 연인 펠릭스에게 보낸 편지에 잘 나타나 있다. 이것은 귀족 대접을 받고 스스로 귀족임을 자처하기 위해서는 서민보다 훨씬 더 많은 매너상의 의무를 스스로 다해야만 한다는 것이다. 오늘날 한국 사회의 한 가지 병폐라면 고위층 인사들이 자신의 이러한 의무를 저버린 채 기득권만을 향유하고자 하는 것이다. 노블리스 오블리쥐의 사전적 의미는 '지위가 높으면 덕도 높아야 한다'는 것이다.

14) 오늘날에도 스노비즘은 돈과 재산을 통하여 세련되고 품위

있는 사람들과 동일화되려고 안간힘을 쓰는 것을 지칭한다. '스노브snob'란 단어는 '귀족성이 없다(sans noblesse)'라는 뜻의 라틴어 'sine nobilitate'의 약자이다.

15) 이런 의미에서 노버트 엘리아스는 '자연으로 돌아가라'고 주장한 장 자크 루소의 후계자라고 말할 수 있다. 루소의 문명관은 같은 프랑스 18세기의 계몽주의 철학자 볼테르Voltaire와는 정반대이다. 볼테르는 문명의 발달이 인간의 행복에 도움을 준다고 주장하였다. 왜냐하면 인간은 본래 착한 존재가 아니므로 그 야만적인 본능을 자제시키고 매너를 교육시키는 것이 중요하다고 보았기 때문이다. 그러나 루소는 인간은 본래 착하기 때문에 자연 상태 그대로 두는 것이 인간을 더 행복하게 한다고 주장했다. 즉, 인간은 원시상태에서는 갈등 없이 행복했었으나, 사회가 문명화되고 인간에게 소유권이 생기면서 빈부의 격차가 생기고 불안을 느끼기 시작했다는 것이다.

16) 참고: 이형철, 『글로벌 에티켓, 글로벌 매너』, pp.17-19.

17) 참고: 같은 책, pp.20-34.

18) 박준형, 『나는 매일 매너를 입는다』, p.7.

19) 같은 책, p.8.

20) 참고: 박한표 외, 『현대인과 국제매너』, pp.104-106.

21) 참고: 최연구, 『프랑스 문화 읽기』, pp.237-250.

22) 호텔신라 서비스교육센터, 『현대인을 위한 국제매너』, p.334.

23) 클라크 룸이란 레스토랑에서 손님의 외투나 소지품 등을 맡아두는 곳으로 대개 여성용과 남성용으로 구분되어 있다. 여성용 클라크 룸에는 거울, 화장 보조도구(티슈, 면봉 등), 핀, 바늘 등을 갖춰놓기도 한다. 클라크 룸에 외투나 모자, 장갑 등을 맡긴 남성은 함께 온 여성을 기다렸다가 동시에 레스토랑 안으로 들어가야 한다. 여성을 기다리지 않고 혼자서 먼저 들어가는 것은 좋은 매너가 아니다. 핸드백에는 화장품이나 손수건 등 항상 곁에 두고 써야 하는 물건들이 들어 있으므로 클라크 룸에 맡기지 않는다. 긴 장갑을 끼었을 경우에는 이를 핸드백 속에 넣거나 핸드백과 함께 의자 뒤에 놓는다.

24) 박한표 외, 『현대인과 국제매너』, p.116.

25) 한 가지마다 값을 정해놓고 손님의 주문에 응하는 요리를 말

한다.

26) 박준형,『볼프강의 글로벌 비즈니스 에티켓 Ⅱ』, pp.75-76.

27) '꼬망데리 와인 기사(Knight of the Commanderie)'는 세계적인 와인 명산지인 프랑스 보르도 지역의 와인 산업 종사자 연합체인 '보르도 꼬망데리'가 와인의 발전에 현저히 기여한 세계 각국의 와인 전문가와 명사들에게 수여하는 일봉의 명예기사 작위이다. 이는 와인과 관련한 세계의 어떤 타이틀보다 명예로운 칭호로 알려져 있다.

28) 「조선일보」 2002년 8월 6일자 참조.

29) 고기요리의 감칠맛에는 향이 강한 레드 와인이 어울리고, 담백한 맛으로 먹는 생선, 조개류, 닭요리에는 씁쓸하고 뒷맛이 개운한 드라이 화이트 와인이 잘 어울린다. 그뿐만 아니라 생선요리에 화이트 와인을 마시는 것에는 요리의 맛을 와인이 침범하지 않게 하려는 목적도 있다. 그리고 타닌이 많이 들어 있는 레드 와인에는 콜레스트롤을 억제하는 효과가 있다는 것이 고기요리와 함께 레드 와인을 마시는 이유이기도 하다.

30) 소믈리에는 레스토랑 종업원 중에 와인을 전문으로 담당하는 웨이터로서 일명 '와인 스튜어드' '와인 캡틴' '와인 웨이터'라고도 한다. 소믈리에는 중세 프랑스 궁정에서 음식과 와인을 관리하고 감독하던 사람을 일컬었는데, 오늘날엔 그 일터가 궁정에서 고급 레스토랑으로 바뀌었다. 레스토랑에서 소믈리에는 하얀 와이셔츠에 검정 넥타이, 검정 조끼와 바지 그리고 검정 앞치마 등 규정된 의상을 착용하게 되어 있다. 또한 손에는 냅킨을 휴대하며, 조끼의 주머니에는 소도구인 코르크 스크류와 성냥을 넣어두어야 한다. 그리고 타스트뱅(시음용 은제용기)을 목에 거는 것이 보통이며, 프랑스 파리의 소믈리에는 상의 칼라에 포도송이를 상징하는 은배지를 달아야 한다. 이들은 와인을 주문받고 서비스하는 것은 물론, 품목선정과 와인리스트 작성, 와인의 보관 및 관리 등도 책임져야 한다.

참고문헌

게리 페라로, 곽무섭 옮김, 『국제 비즈니스, 문화가 좌우한다』, 창해, 2004.

고형욱, 『보르도 와인 기다림의 지혜』, 한길사, 2002.

김기재 외, 『와인을 알면 비즈니스가 즐겁다』, 2002.

김시중 외, 『글로벌 매너』, 청목 출판사, 1999.

김중순, 『문화를 알면 경영전략이 선다』, 일조각, 2001.

김태랑, 『황홀한 체험, 프랑스 와인의 모든 것』, 한울, 2002

김혁, 『프랑스 와인 기행』, 세종서적, 2001.

노버트 엘리아스, 유희수 옮김, 『매너의 역사, 문명화과정』, 신서원, 1995.

데즈먼드 모리스, 황현숙 옮김, 『머리 기른 원숭이 : 인간에 대한 개인적인 시각』, 까치, 1996.

마빈 해리스, 『문화의 수수께끼』, 한길사, 1997.

민병철, 『어글리 코리언, 어글리 어메리컨』, 민병철생활영어사, 영진문화, 1996.

박영근, 『말 통하는 세상에 살고 싶다』, 씨앗을 뿌리는 사람, 2002.

박준형, 『볼프강의 글로벌 비즈니스 에티켓 I, II』, 김영사, 2000.

_____, 『매일 매너를 입는다』, 한올출판사, 2002.

박한표 외, 『현대인과 국제매너』, 한올출판사, 1999.

박한표, 『글로벌문화와 매너』, 한올출판사, 2005.

새뮤얼 헌팅턴, 로렌스 해리슨, 이종인 옮김, 『문화가 중요하다』, 김영사, 2001.

서성희 외, 『매너는 인격이다』, 현실과 미래사, 1999.

손진호, 『와인』, 대원사, 2003.

이선희 외, 『글로벌시대의 국제매너와 에티켓』, 한올출판사, 1999.

이정우 외, 『지구촌 생활문화와 국제매너』, 양서원, 2001.

이정학 외, 『국제매너』, 기문사, 2001.

이주호, 『이제는 와인이 좋다』, 바다출판사, 1999.

이형철, 『글로벌에티켓 글로벌 매너』, 에디터, 1991.

조신영, 『성공하는 한국인의 7가지 습관』, 한스미디어, 2004.

채용식 외, 『매너학』, 학문사, 2001

최기원, 『국제인의 교양예절』, 밀알, 1992.

최기종, 『매너에센스』, 백산출판사, 2003.

피터 콜릿, 이윤식 옮김, 『습관을 알면 문화가 보인다』, 청림출판사, 1997.

허은아, 『매너가 경쟁력이다』, 아라크네, 2003.

호텔신라 서비스교육센터, 『현대인을 위한 국제매너』, 김영사, 1994.

Florence Le Bras, *Le Guide du Savoir-Vivre*, Marabout, 1999.

Ilaria Petrovic, *Petit Manuel de Savoir-Vivre en poche*, De Vecchi Poche, 2000.

Marie-France Lecherbonnier, *Guide du savoir-vivre*, <Livre de Poche>, Albin Michel, 1994

Sabine Denuelle, *Le Savoir-Vivre, Règles et Usages*, Larousse, 2002.

글로벌 매너 비즈니스맨이 갖추어야 할 공용어

펴낸날	초판 1쇄 2006년 5월 25일
	초판 5쇄 2013년 7월 31일

지은이	박한표
펴낸이	심만수
펴낸곳	(주)살림출판사
출판등록	1989년 11월 1일 제9-210호

주소	경기도 파주시 문발동 522-1
전화	031-955-1350 팩스 031-624-1356
기획·편집	031-955-4662
홈페이지	http://www.sallimbooks.com
이메일	book@sallimbooks.com

ISBN	978-89-522-0512-4 04080

122 모든 것을 고객중심으로 바꿔라 `eBook`

안상헌(국민연금관리공단 CS Leader)

고객중심의 서비스전략을 일상의 모든 부분에 적용해야 한다는 가르침을 주는 책. 나 이외의 모든 사람을 고객으로 보고 서비스가 살아야 우리도 산다는 평범한 진리의 힘을 느끼게 해 준다. 피뢰침의 원칙, 책임공감의 원칙, 감정통제의 원칙, 언어절제의 원칙, 역지사지의 원칙이 사람을 상대하는 5가지 기본 원칙으로 제시된다.

233 글로벌 매너

박한표(대전와인아카데미 원장)

매너는 에티켓과는 다르다. 에티켓이 인간관계를 원활하게 해주는 사회적 불문율로서의 규칙이라면, 매너는 일상생활 속에 에티켓을 적용하는 방식을 말한다. 삶을 잘 사는 방법인 매너의 의미를 설명하고, 글로벌 시대에 우리가 기본적으로 갖추어야 할 국제매너를 구체적으로 소개한 책. 삶의 예술이자 경쟁력인 매너의 핵심 내용을 소개한다.

350 스티브 잡스 `eBook`

김상훈(동아일보 기자)

스티브 잡스는 시기심과 자기과시, 성공에의 욕망으로 똘똘 뭉친 불완전한 사람이었다. 하지만 동시에 강철 같은 의지로 자신의 불완전함을 극복하고 사회에 가치 있는 일을 하고자 노력했던 위대한 정신의 소유자이기도 하다. 이 책은 스티브 잡스의 삶을 통해 불완전한 우리 자신에 내재된 위대한 본성을 찾아내고자 한다.

352 워렌 버핏 `eBook`

이민주(한국투자연구소 버핏연구소 소장)

'오마하의 현인'이라고 불리는 워렌 버핏. 그는 일찌감치 자신의 투자 기준을 마련한 후, 금융 일번지 월스트리트가 아닌 자신의 고향 오마하로 와서 본격적인 투자사업을 시작한다. 그의 성공은 성공하는 투자의 출발점은 결국 자기 자신이라는 점을 보여 준다. 워렌 버핏의 삶을 통해 세계 최고의 부자는 어떻게 만들어지는가를 살펴보자.

145 패션과 명품

이재진(패션 칼럼니스트)

패션 산업과 명품에 대한 이해를 돕는 책. 샤넬, 크리스찬 디올, 아르마니, 베르사체, 버버리, 휴고보스 등 브랜드의 탄생 배경과 명품으로 불리는 까닭을 알려 준다. 이 밖에도 이 책은 사람들이 명품을 찾는 심리는 무엇인지, 유명 브랜드들이 어떤 컨셉과 마케팅 전략을 취하는지 등을 살펴본다.

434 치즈 이야기

박승용(천안연암대 축산계열 교수)

우리 식문화 속에 다채롭게 자리 잡고 있는 치즈를 여러 각도에서 살펴 본 작은 '치즈 사전'이다. 치즈를 고르고 먹는 데 필요한 아기자기한 상식에서부터 나라별 대표 치즈 소개, 치즈에 대한 오해와 진실, 와인에 어울리는 치즈 선별법까지, 치즈를 이해하는 데 필요한 지식과 정보가 골고루 녹아들었다.

435 면 이야기

김한송(요리사)

면(국수)은 세계 각국으로 퍼져 나가면서 제각기 다른 형태로 조리법이 바뀌고 각 지역 특유의 색깔이 결합하면서 독특한 문화 형태로 발전했다. 칼국수를 사랑한 대통령에서부터 파스타의 기하학까지, 크고 작은 에피소드에 귀 기울이는 동안 독자들은 면의 또 다른 매력을 발견할 수 있을 것이다.

436 막걸리 이야기

정은숙(기행작가)

우리 땅 곳곳의 유명 막걸리 양조장과 대폿집을 순례하며 그곳의 풍경과 냄새, 무엇보다 막걸리를 만들고 내오는 이들의 정(情)을 담아내기 위해 애쓴 흔적이 역력하다. 효모 연구가의 단단한 손끝에서 만들어지는 막걸리에서부터 대통령이 애호했던 막걸리, 지역 토박이 부부가 휘휘 저어 건네는 순박한 막걸리까지, 또 여기에 막걸리 제조법과 변천사, 대폿집의 역사까지 아우르고 있다.

253 프랑스 미식 기행 eBook

심순철(식품영양학과 강사)

프랑스의 각 지방 음식을 소개하면서 거기에 얽힌 역사적인 사실과 문화적인 배경을 재미있게 소개하고 있다. 누가 읽어도 프랑스 음식문화에 대해 어느 정도 이해할 수 있도록 복잡하지 않게, 이야기하듯 쓰인 것이 장점이다. 프랑스로 미식 여행을 떠나고자 하는 이에게 맛과 멋과 향이 어우러진 프랑스의 역사와 문화를 소개하는 책.

132 색의 유혹 색채심리와 컬러 마케팅 eBook

오수연(한국마케팅연구원 연구원)

색이 인간에게 미치는 영향과 이를 이용한 컬러 마케팅이 어떤 기법으로 발전했는가를 보여 준다. 색은 생리적 또는 심리적 면에서 사람들에게 많은 영향을 미친다. 컬러가 제품을 파는 시대'의 마케팅에서 주로 사용되는 6가지 대표색을 중심으로 컬러의 트렌드를 읽어 색이 가지는 이미지의 변화를 소개한다.

447 브랜드를 알면 자동차가 보인다

김흥식(「오토헤럴드」 편집장)

세계의 자동차 브랜드가 그 가치를 지니기까지의 역사, 그리고 이를 위해 땀 흘린 장인들에 관한 이야기. 무명의 자동차 레이서가 세계 최고의 자동차 브랜드를 일궈내고, 어머니를 향한 아들의 효심이 최강의 경쟁력을 자랑하는 자동차 브랜드로 이어지기까지의 짧지 않은 역사가 우리 눈에 익숙한 엠블럼과 함께 명쾌하게 정리됐다.

449 알고 쓰는 화장품 eBook

구희연(3020안티에이징연구소 이사)

화장품을 고르는 당신의 기준은 무엇인가? 우리는 음식을 고르듯 화장품 선택에 꼼꼼한 편인가? 이 책은 화장품 성분을 파악하는 법부터 화장품의 궁합까지 단순한 화장품 선별 가이드로써의 역할이 아니라 궁극적으로 당신의 '아름답고 건강한 피부'를 만들기 위한 지침서다.

eBook 표시가 되어있는 도서는 전자책으로 구매가 가능합니다.

㈜살림출판사

www.sallimbooks.com

주소 경기도 파주시 문발동 522-1 | 전화 031-955-1350 | 팩스 031-955-1355